Das Zahlenbuch

3

von Erich Ch. Wittmann, Gerhard N. Müller,
Marcus Nührenbörger und Ralph Schwarzkopf

Bearbeitung der Ausgabe 2017:
Marcus Nührenbörger, Ralph Schwarzkopf,
Melanie Bischoff, Daniela Götze, Birgit Heß,
Diana Hunscheidt

Ernst Klett Verlag
Stuttgart · Leipzig

Inhalt

Messen und Ordnen

Geometrie

Einführung der schriftlichen Subtraktion

Sachaufgaben

Geometrie

Aufgaben vergleichen

Sachaufgaben

Geometrie

Miniprojekte

Alternatives Subtraktionsverfahren

Symbole

Ausgewiesene inhaltsbezogene Kompetenzbereiche:

- Zahlen und Operationen
- Raum und Form
- Größen und Messen
- Daten, Häufigkeit und Wahrscheinlichkeit

 Blitzrechnen

AH weist auf Seiten im Arbeitsheft hin. Verweise auf das Förderheft befinden sich unten auf jeder Seite.

Ausgewiesene prozessbezogene Kompetenzbereiche:

P   Problemlösen
K   Kommunizieren
A   Argumentieren
M   Modellieren
D   Darstellen

Wiederholung und Vertiefung

$$36 + 49$$

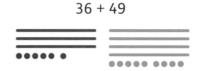

36 + 50
hilft mir.

Mit einfachen Aufgaben
können wir schwierige
ausrechnen.

Paula

$$\begin{array}{ccc} 36 & + & 50 & = & 86 \\ 36 & + & 49 & = & 85 \end{array}$$

$$+0 \quad -1 \quad -1$$

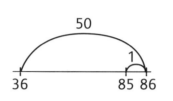

Eric

Addieren: Plusrechnen   **Summe:** Ergebnis einer Plusaufgabe

---

1 Schöne Päckchen. Setzt fort. Was fällt euch auf? Beschreibt und erklärt.

a) 10 + 23   b) 15 + 35
   20 + 23   15 + 40
   30 + 23   15 + 45

c) 34 + 2   d) 23 + 4
   34 + 13   32 + 4
   34 + 24   41 + 4

Das Päckchen
hat ein schönes
Muster.

Die 1. Zahl wird
immer um 10 größer.
Die 2. Zahl bleibt gleich.
Was passiert mit
der Summe?

Finn   Sophie

2 Schöne Päckchen.

a) 40 + 25   b) 20 + 35   c) 34 + 60   d) 27 + 13   e) 28 + 34
   42 + 27   25 + 40   35 + 61   26 + 15   26 + 36
   44 + 29   30 + 45   36 + 62   25 + 17   24 + 38

So kannst du **beschreiben** und **erklären**:

mit **Farben**   mit **Pfeilen**   mit **Zahlbildern**   mit **Wörtern** und **Sätzen**

die 1. Zahl   Wenn ..., dann ...
die 2. Zahl   Deshalb ...
die Summe

Die Begriffe *Addieren, Summe* wiederholen. **1, 2** Regelmäßigkeiten in schönen Päckchen zur Addition untersuchen;
nonverbale und verbale Darstellungsmittel zum Beschreiben und Erklären wiederholen.

■ (K, A, D) → Arbeitsheft, Seite 3 → Förderheft, Seite 3

Addieren und Subtrahieren

Subtrahieren: Minusrechnen | **Differenz:** Ergebnis einer Minusaufgabe

---

● **3** Schöne Päckchen. Setzt fort. Was fällt euch auf? Beschreibt und erklärt.

a) 82 − 20
82 − 30
82 − 40

3 a)							
8 2	−	2 0	=	6 2			
8 2	−	3 0	=	5 2			
8 2	−	4 0	=	4 2			
8 2	−	5 0	=	3 2			

+0   +10   −10

Die 2. Zahl wird größer. Aber die Differenz wird kleiner. Wie kann ich das erklären?

Wir nehmen von derselben Zahl immer 10 mehr weg. Dann muss die Differenz um 10 kleiner werden.

82 − 20 = 62
82 − 30 = 52

Sophie

Finn

b) 76 − 5
76 − 10
76 − 15

c) 21 − 2
21 − 4
21 − 6

d) 57 − 5
55 − 5
53 − 5

e) 47 − 12
48 − 13
49 − 14

f) 83 − 4
85 − 6
87 − 8

g) 67 − 6
70 − 4
73 − 2

● **4** Welche schönen Päckchen beschreiben die Kinder?
Ordnet zu und ergänzt den letzten Satz.

> Die 1. Zahl wird immer um 1 größer.
> Die 2. Zahl wird immer um 1 größer.
> Deshalb bleibt die Differenz ...
> **Mia**

> Die 1. Zahl wird immer um 2 größer.
> Die 2. Zahl bleibt gleich.
> Deshalb wird die Differenz ...
> **Lena**

> Die 1. Zahl wird immer um 1 größer.
> Die 2. Zahl wird immer um 1 größer.
> Deshalb wird die Summe ...
> **Noah**

> Die 1. Zahl wird immer um 5 kleiner.
> Die 2. Zahl wird immer um 5 größer.
> Deshalb bleibt die Summe ...
> **Ben**

a) 57 + 6
58 + 7
59 + 8

4 a) Noah	5 7 + 6 = 6 3
	5 8 + 7 = 6 5
	5 9 + 8 = 6 7

Deshalb wird die Summe immer um 2 größer.

b) 57 − 6
59 − 6
61 − 6

c) 57 − 6
58 − 7
59 − 8

d) 57 + 6
52 + 11
47 + 16

✳ **5** Findet schöne Päckchen. Beschreibt und erklärt.
Startet mit ... a) ... 74 + 1.   b) ... 86 − 27.   c) Findet weitere schöne Päckchen.

Begriffe *Subtrahieren*, *Differenz* wiederholen. **3** Regelmäßigkeiten in schönen Päckchen zur Subtraktion untersuchen; nonverbale und verbale Darstellungsmittel zum Beschreiben und Erklären wiederholen. **4** Sprachliche Erklärungen vervollständigen. **5** Ausgehend von einer Startaufgabe schöne Päckchen erstellen.

5

(P, K, D)   → Arbeitsheft, Seite 3   → Förderheft, Seite 4

Tabellen und Diagramme

Schönes Wetter! Heute bin ich zu Fuß zur Schule gekommen.

Ich bin mit meinem Roller gefahren.

Wie kommen die anderen Kinder eigentlich zur Schule?

Till Esra

1 Die Kinder machen eine Umfrage zum Schulweg. Die Sonne scheint.

a) Wie kommen die Kinder zur Schule? Beschreibt und zeichnet ein Säulendiagramm.

Befragung: sonniger Tag 1 Kind

zu Fuß | Fahrrad | Roller | Bus/Bahn | Auto

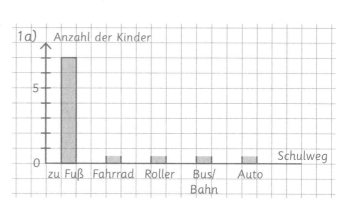

1a) Anzahl der Kinder

zu Fuß Fahrrad Roller Bus/Bahn Auto Schulweg

b) Welche Fragen könnt ihr genau beantworten?
Welche Fragen könnt ihr nicht genau beantworten?

Wie viele Kinder werden mit dem Auto zur Schule gebracht?	Wie kommen die meisten Kinder zur Schule?	Wie kommen die wenigsten Kinder zur Schule?	Wie viele Kinder werden von Eltern zur Schule gebracht?
Wie viele Kinder fliegen zur Schule?	Wie viele Kinder werden zur Schule gefahren?	Wie viele Jungen gehen in die Klasse?	Wie viele Kinder sind in der Klasse?

2 Es regnet. Die Kinder machen eine neue Umfrage.

a) Wie kommen die Kinder zur Schule? Beschreibt und zeichnet ein Säulendiagramm.

b) Vergleicht mit der Befragung an einem sonnigen Tag.

An einem regnerischen Tag kommen ...

... weniger als ...

An einem sonnigen Tag kommen ...

... mehr als ...

... genauso viele wie ...

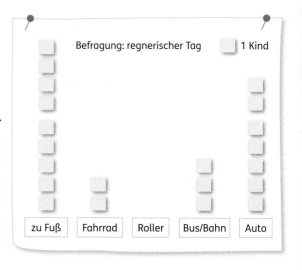

Befragung: regnerischer Tag 1 Kind

zu Fuß | Fahrrad | Roller | Bus/Bahn | Auto

6

1 Aus erfassten Daten ein *Säulendiagramm* (Begriff einführen) erstellen und relevante Informationen entnehmen; vorgegebene Fragen beantworten bzw. begründen, warum sich einzelne nicht genau beantworten lassen.   2 Diagramme vergleichen: Wie verändern sich die einzelnen Säulen? Evtl. Satzanfänge zur Beantwortung nutzen.

■ (K, M, D)

3 Eine Umfrage zur Freizeit.

a) Was könnt ihr aus der Befragung ablesen?
Beschreibt und zeichnet ein Säulendiagramm.

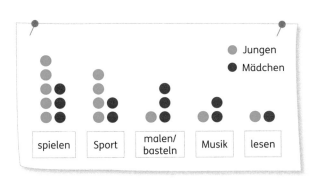

Gibt es Unterschiede zwischen Mädchen und Jungen?

Mila

b) Vervollständigt die Sätze.

Sport mögen insgesamt ... Kinder.

Die wenigsten Mädchen mögen ...

Die meisten Jungen mögen ...

In der Klasse sind ... Mädchen als Jungen.

4 Schülerzahlen im 3. Schuljahr.

a) Was könnt ihr aus der Befragung ablesen? Beschreibt und zeichnet ein Säulendiagramm.

Klasse	Jungen	Mädchen
3a	12	13
3b	13	12
3c	14	10
3d	12	12

Wir haben eine Umfrage in allen 3. Klassen gemacht. Diese Tabelle zeigt unser Ergebnis.

Lena

b) Vergleicht das Säulendiagramm mit der Tabelle. Was könnt ihr besser aus der Tabelle ablesen? Was könnt ihr besser aus dem Säulendiagramm ablesen?

5 Macht eigene Umfragen in eurer Klasse und eurer Schule.

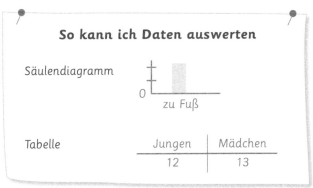

3, 4 Vor- und Nachteile der verschiedenen Darstellungen (Tabelle und Säulendiagramm) besprechen. Bei Aufgabe 3 können die Kinder auch noch eigene Sätze schreiben.   5 Klassenausstellung planen.

■ (K, M, D)

Rechenwege bei der Addition

○ **1** Wie rechnet ihr 35 + 57? Beschreibt. Findet verschiedene Rechenwege.

● **2** Rechnet geschickt.

a) Wie rechnet ihr? Beschreibt und erklärt eure Rechenwege.

53 + 17	2 a) 5 3 + 1 7 = 7 0	25 + 29	38 + 27	44 + 38	39 + 18
	Z E 5 0 + 1 0 = 6 0	33 + 48	34 + 22	33 + 29	66 + 26
	3 + 7 = 1 0	24 + 54	53 + 19	18 + 24	25 + 35

b) Vergleicht und ordnet die Aufgaben nach den Rechenwegen.

Schrittweise   **Z**ehner und **E**iner extra   **H**ilfsaufgabe

---

So kannst du deinen Rechenweg **beschreiben** und **erklären**:

mit **Zahlen**	mit **Zahlbildern**	am **Rechenstrich**	mit **Wörtern**	mit **Abkürzungen**
53 + 17 = 70		7 10	Schrittweise	ZE, S, H
53 + 7 = 60				
60 + 10 = 70		53 60 70		

1, 2 Eigene Rechenwege wählen und darstellen, in Partnerarbeit vergleichen.

■ (K, A, D)   → Arbeitsheft, Seite 4   → Förderheft, Seiten 5, 6

3 Hilfsaufgaben. Rechne und schreibe den Rechenweg wie Eva oder wie Sophie.

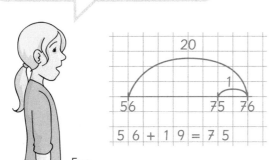

56 + 19

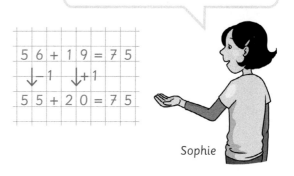

a) 56 + 19   b) 58 + 19   c) 59 + 34   d) 39 + 33   e) 48 + 35   f) 28 + 14   g) 49 + 32

h) Finde Aufgaben, die du mit Hilfsaufgaben rechnest. Erkläre.

4 Schöne Aufgabenpaare.
Rechne immer erst die einfache Aufgabe.

a) 39 + 52
   39 + 50

4 a)	3 9 + 5 2 =		
	3 9 + 5 0 = 8 9		

b) 46 + 50
   46 + 49

c) 24 + 40
   24 + 38

d) 60 + 38
   61 + 39

5 Rechne geschickt.

a) 20 + 40
   20 + 42
   25 + 42

b) 47 + 30
   47 + 33
   48 + 33

c) 50 + 20
   55 + 25
   58 + 28

d) 30 + 50
   39 + 51
   31 + 59

e) 66 + 20
   66 + 25
   65 + 25

6 Aufgabenpaare. Die Summe ist immer gleich. Erkläre.

a) 73 + 17
   63 + 27

b) 38 + 12
   18 + 32

c) 51 + 19
   21 + 49

d) 54 + 26
   34 + 46

e) Finde Aufgabenpaare.

7 Wählt immer zwei Zahlen. Findet Plusaufgaben.

13   15   21   27   29   35   37   42   49   63   74

Die Summe ist ...

a) ... kleiner als 50.

7 a)	2 9 + 1 5 = 4 4

b) ... gleich 50.

7 b)	3 7 + 1 3 = 5 0

c) ... größer als 50.

7 c)	6 3 + 1 5 = 7 8

3, 4 Strategie *Hilfsaufgabe* weiterentwickeln und vertiefen.   5 Rechenwege zunehmend aufgabenabhängig auswählen.
6 Muster in den Aufgaben erkennen und nutzen.   7 Eigene Aufgaben finden.

9

■ (K, A, D)   → Arbeitsheft, Seite 4

Rechenwege bei der Subtraktion

○ **1** Wie rechnet ihr 52 – 38? Beschreibt. Findet verschiedene Rechenwege.

52 – 38

Zehner und **E**iner extra: ZE

Schrittweise: S

Hilfsaufgabe: H

Ergänzen: E

Anna

5	2	–	3	8	=	1	4
5	0	–	3	0	=	2	0
	2	–		8	=	–	6

Eric

8   30

14 22   52

Lilly

40

2

12 14   52

Leo

5 2 – 3 8 = 1 4
↓+2   ↓+2
5 4 – 4 0 = 1 4

Sophie

3 8 + 1 4 = 5 2
3 8 +   4 = 4 2
4 2 + 1 0 = 5 2

Bei Minus-
aufgaben
kann man auch
ergänzen.

Murat

5 2 – 2 – 3 6 = 1 4

Sophie

● **2** Rechnet geschickt.

a) Wie rechnet ihr? Beschreibt und erklärt eure Rechenwege.

43 – 29

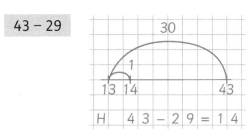

30

1

13 14   43

H   4 3 – 2 9 = 1 4

Noah

Ich rechne mit einer Hilfsaufgabe
und ziehe erst 30 ab.

73 – 29	46 – 37	72 – 34	54 – 22	74 – 38	54 – 24
64 – 58	85 – 79	85 – 28	66 – 18	43 – 12	57 – 38

b) Vergleicht und ordnet die Aufgaben nach den Rechenwegen.

Schrittweise   **Z**ehner und **E**iner extra   **H**ilfsaufgabe   **E**rgänzen

1 Aufgabe auf eigenen Wegen rechnen und im Klassengespräch vergleichen (Mathekonferenz). Mit Rechenwegen der Seite vergleichen, evtl. neue Wege besprechen.   **2** Rechenstrategien aufgabenabhängig wählen und begründen.

■ (K, A, D)   → Arbeitsheft, Seite 5   → Förderheft, Seiten 7, 8

3 Hilfsaufgaben. Rechne und schreibe den Rechenweg wie Anton oder wie Till.

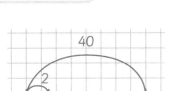

Die 2. Zahl liegt nah bei einer Zehnerzahl. Ich ziehe erst 40 ab und addiere dann 2.

53 – 38

Ich vergrößere beide Zahlen um 2. Dann bleibt die Differenz gleich.

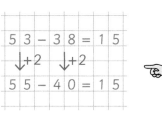

Anton

40

2

13 15   53

$5\ 3 - 3\ 8 = 1\ 5$

$5\ 3 - 3\ 8 = 1\ 5$
↓+2   ↓+2
$5\ 5 - 4\ 0 = 1\ 5$

Till

a) 53 – 38   b) 37 – 19   c) 51 – 38   d) 74 – 18   e) 63 – 34   f) 73 – 28   g) 68 – 49

h) Finde Aufgaben, die du mit Hilfsaufgaben rechnest.

4 Rechne geschickt.

a) 70 – 20   b) 81 – 20   c) 62 – 32   d) 76 – 46   e) 90 – 45
   70 – 23   81 – 22   62 – 33   76 – 48   92 – 45
   71 – 23   82 – 23   61 – 33   77 – 48   92 – 46

5 Wählt immer zwei Zahlen. Findet Minusaufgaben.

| 7 | 15 | 18 | 24 | 29 | 33 | 45 | 57 | 68 | 79 |

Die Differenz ist ...

a) ... kleiner als 50.   b) ... gleich 50.   c) ... größer als 50.

5 a) $7\ 9 - 5\ 7 = 2\ 2$ 5 b) $7\ 9 - 2\ 9 = 5\ 0$ 5 c) $7\ 9 - 1\ 5 = 6\ 4$

6 In das Album passen 72 Sticker. Wie viele Sticker fehlen den Kindern noch?

a) Anton hat 25 Sticker.

b) Max hat 22 Sticker.

c) Murat hat 54 Sticker.

d) Sophie hat 36 Sticker.

e) Finn hat 29 Sticker.

f) Leo hat 18 Sticker.

Ich habe schon 25 Sticker im Album.

25 + ___ = 72, wie viele fehlen dir noch?

Metin

Anton

3 Strategie *Hilfsaufgabe* weiterentwickeln und vertiefen.   4 Rechenwege zunehmend aufgabenabhängig auswählen.
5 Eigene Aufgaben finden.   6 *Ergänzen* im Kontext wiederholen.

11

■ (K, A, D)   → Arbeitsheft, Seite 5   → Förderheft, Seiten 7, 8

Die Einmaleins-Tafel

1 Beschreibt die einfachen Aufgaben und rechnet.

mit 2   mit 5   Quadrat   mit 10

> Bei diesen Aufgaben wird mit 10 multipliziert. Das ist einfach.

mit 10

Anna

> 4 mal 10 sind 4 Zehner. Also ist das Produkt 40.

Finn

Multiplizieren: Malrechnen   **Produkt:** Ergebnis einer Malaufgabe

2 Rechne geschickt mit einfachen Aufgaben.

a) *mit 5* $6 \cdot 8$

2 a)	$6 \cdot 8$
	$5 \cdot 8 + 1 \cdot 8$
	$40 + 8 = 48$

$6 \cdot 9$ $6 \cdot 7$ $6 \cdot 4$

$7 \cdot 8$ $7 \cdot 6$ $7 \cdot 3$

b) *mit 10* $8 \cdot 7$

2 b)	$8 \cdot 7$
	$10 \cdot 7 - 2 \cdot 7$
	$70 - 14 = 56$

$8 \cdot 4$ $8 \cdot 3$ $8 \cdot 6$

$9 \cdot 8$ $9 \cdot 4$ $9 \cdot 7$

c) *Quadrat* $7 \cdot 6$

2 c)	$7 \cdot 6$
	$6 \cdot 6 + 1 \cdot 6$
	$36 + 6 = 42$

$4 \cdot 3$ $8 \cdot 7$ $9 \cdot 8$

$4 \cdot 6$ $6 \cdot 8$ $7 \cdot 9$

3 Zeige und rechne geschickt.

mit 2   mit 5   mit 10   Quadrat

a) $9 \cdot 7$ b) $4 \cdot 8$ c) $3 \cdot 4$
   $6 \cdot 8$ $6 \cdot 9$ $8 \cdot 7$
   $7 \cdot 6$ $9 \cdot 4$ $3 \cdot 9$
   $6 \cdot 3$ $4 \cdot 6$ $3 \cdot 7$

> Bei $9 \cdot 7$ hilft mir eine Aufgabe mit 10. Ich rechne $10 \cdot 7$ minus $1 \cdot 7$.

Ben

1 Einfache Aufgaben an der Einmaleins-Tafel wiederholen, Begriff *Produkt* ansprechen.   **2, 3** Einfache Aufgaben zum Rechnen nutzen. Strategien des Rechnens bewusst machen.

■ (K, A)   → Arbeitsheft, Seite 6   → Förderheft, Seiten 9, 10

4 < oder > oder =? Vergleiche.

a) 4 · 7 ⬤ 28
5 · 7 ⬤ 28

b) 5 · 6 ⬤ 35
5 · 7 ⬤ 35

c) 8 · 6 ⬤ 48
7 · 6 ⬤ 48

d) 7 · 3 ⬤ 21
8 · 3 ⬤ 22

e) 4 · 5 ⬤ 24
5 · 5 ⬤ 25

f) 3 · 6 ⬤ 23
4 · 6 ⬤ 24

4 mal 7 ist 28, also ist 5 mal 7 größer als 28.

4 a)	4	·	7	=	2	8
	5	·	7	>	2	8

Till

5 Welche Zahlen passen? Probiere.

| 0 | 1 | 2 | 3 | 4 | 5 | 6 | 7 | 8 | 9 |

a) 4 · ⬛ < 15

5 a)		4	·	⬛	<	1	5
			0, 1, 2, 3				

b) 6 · ⬛ < 25

c) 8 · ⬛ = 24

d) 10 · ⬛ < 50

e) 3 · ⬛ > 23

f) 5 · ⬛ > 42

g) 4 · ⬛ > 29

6 Findet passende Malaufgaben. Das Produkt ist ...

a) ... gleich 24.

6 a)		4	·	6	=	2	4
		3	·	8	=	2	4

b) ... gleich 30.

c) ... gleich 36.

d) ... kleiner als 12.

e) ... größer als 64.

7 Zahlenrätsel.

Wie rechnen die Kinder? Erklärt.

a)

Ich denke mir eine Zahl, multipliziere sie mit 9 und erhalte 36.

Eva

7 a)	5	·	9	=	4	5
	4	·	9	=	3	6

Ben

| 7 a) | 9, 1 8, 2 7, (3 6) |

Leo

| 7 a) | | 3 | 6 | : | 9 | = | 4 |

b) Welche Zahlen passen? Probiert.

Meine Zahl gehört zur Achterreihe und liegt zwischen 60 und 70.

Wenn ich meine Zahl verdopple, dann erhalte ich das Ergebnis von 4·8.

Meine Zahl liegt zwischen 20 und 30. Sie gehört zur Viererreihe und zur Achterreihe.

8 ⚡ Einmaleins an der Einmaleins-Tafel

4 · 4   16

Malaufgabe zeigen und nennen, Aufgabe im Kopf rechnen.

4 weniger als 5 · 4

das Doppelte von 2 · 4

eine Quadratzahl

---

4 Aufgaben mit Ergebnissen vergleichen. Beziehungen zwischen den Malreihen nutzen.   **5** Passende Zahlen finden.
6 Aufgaben finden, ggf. Einmaleins-Tafel benutzen.   **7** Rätsel gegenseitig stellen und lösen. Lösungsweg darstellen.

■ (P, K)   → Arbeitsheft, Seite 6

Multiplizieren und Dividieren

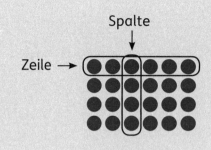

Es gibt 4 Zeilen.
In jeder Zeile sind 6 Punkte.
4 · 6 = 24 Punkte.

Es gibt 6 Spalten.
In jeder Spalte sind 4 Punkte.
6 · 4 = 24 Punkte.

Spalte

Zeile →

24 Punkte in 4 Zeilen.
24 : 4 = 6 Punkte in
jeder Zeile.

24 Punkte in
6 Spalten.
24 : 6 = 4 Punkte
in jeder Spalte.

Die **Umkehraufgabe** von 4 · 6 = 24
ist 24 : 6 = 4

Multiplizieren: Malrechnen
Dividieren: Geteiltrechnen

---

1 Multipliziere und dividiere. Schreibe immer vier Aufgaben.

a) b) c) d) e)

1 a)	4 · 5 = 2 0	2 0 : 5 =
	5 · 4 =	2 0 : 4 =

2 Zeichne das Punktebild und schreibe immer vier Aufgaben.

a) 2 · 7   b) 3 · 4   c) 4 · 4   d) 5 · 3   e) 3 · 3   f) 10 : 2   g) 20 : 2

h) 18 : 9   i) 27 : 9

2 a)	●●●●●●●	2 · 7 = 1 4	1 4 : 7 = 2
	●●●●●●●	7 · 2 = 1 4	1 4 : 2 = 7

3 Zeichne Punktebilder und schreibe immer vier Aufgaben mit …

a) … 12 Punkten.   b) … 24 Punkten.   c) … 15 Punkten.   d) … Punkten.

4 ⚡ Einmaleins umgekehrt

4 · 5
5 · 4

20 : 5 = 4
20 : 4 = 5

Malaufgabe zeigen, nennen und beide
Umkehraufgaben rechnen.

20 : 4 = 5, denn 5 · 4 = 20

20 : 5 = 4, denn 4 · 5 = 20

Punktefeld betrachten, Aufgabe und Umkehraufgabe nennen, Begriffe *Multiplizieren*, *Dividieren*, *Umkehraufgabe*, *Spalte* und *Zeile* ansprechen. **1–3** Zu einer Rechteckdarstellung Aufgabe und Umkehraufgabe finden.

■ (M, D)   → Arbeitsheft, Seite 7   → Förderheft, Seiten 11, 12

5 Teilen mit Rest. Schreibe immer beide Aufgaben.

a) 21 : 4

| 5a) | 2 1 : 4 = 5 R 1 |
| | 2 1 = 5 · 4 + 1 |

b) 22 : 4   c) 23 : 4   d) 24 : 4

e) Wie verändert sich der Rest? Erkläre.

21 : 4 = 5 **Rest** 1   1 bleibt übrig.

6 Zeichne Punktebilder. Schreibe immer beide Aufgaben.

a) 13 : 5

| 6a) | 1 3 : 5 = 2 R 3 |
| | 1 3 = 2 · 5 + 3 |

b) 17 : 3   c) 24 : 5

d) 13 : 4   e) 20 : 6

7 Einfache Reste. Erkläre.

a) 65 : 10

| 7a) | 6 5 : 1 0 = 6 R 5 |
| | 6 5 = 6 · 1 0 + 5 |

b) 98 : 10   c) 72 : 10

d) 84 : 10   e) 47 : 10

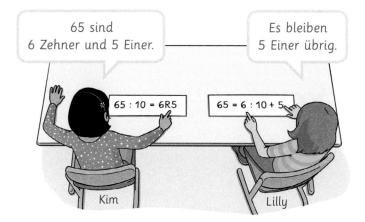

65 sind 6 Zehner und 5 Einer.

Es bleiben 5 Einer übrig.

65 : 10 = 6R5

65 = 6 : 10 + 5

Kim   Lilly

8 Schöne Päckchen. Beschreibe und setze fort.

a) 9 : 3   b) 36 : 4   c) 13 : 6   d) 20 : 9   e) 40 : 8   f) 11 : 5
   10 : 3   37 : 4   19 : 6   30 : 9   44 : 8   22 : 5
   11 : 3   38 : 4   25 : 6   40 : 9   48 : 8   33 : 5

9 Finde Divisionsaufgaben mit Rest.

a) Rest 1   b) Rest 2

c) Rest 4   d) Rest 6

| 9a) | Rest 1 | | b) | Rest 2 |
| | 9 : 4 = 2 R 1 | | | 1 4 : 3 = 4 R 2 |

10   28 : 4   24 : 8   56 : 7   18 : 3   48 : 8   54 : 9   30 : 6   12 : 6

Ordne die Aufgaben zu. Das Ergebnis ist …

a) … kleiner als 6.   b) … größer als 6.   c) … gleich 6.

| 10a) | 2 4 : 8 = 3 |

| 10b) | 2 8 : 4 = 7 |

| 10c) | 1 8 : 3 = 6 |

5 Aufgaben aufschreiben und lösen. Beziehungen zwischen den Aufgaben erläutern.   **6** Punktebilder zeichnen.   **7** Mal- und Geteiltaufgaben mit Rest finden und rechnen.   **8** Beziehungen zwischen den Aufgaben herstellen und nutzen.   **9** Divisionsaufgaben ggf. mithilfe eines Punktefeldes finden.   **10** Aufgaben lösen und zuordnen.

15

(K, D)   → Arbeitsheft, Seite 7

Verdoppeln und Halbieren

○ **1** Wie verdoppeln und halbieren die Kinder? Beschreibt und vergleicht.

Erst 30 verdoppeln, dann 7.

$$2 \cdot 30 = 60$$
$$2 \cdot 7 = 14$$
$$60 + 14 = 74$$

Das Doppelte von 37
Die Hälfte von 74

$$37 + 37 = 74$$
$$30 + 30 = 60$$
$$7 + 7 = 14$$

$$70 = 35 + 35$$
$$4 = 2 + 2$$
$$74 = 37 + 37$$

Erst 70 halbieren, dann 4.

$$70 : 2 = 35$$
$$4 : 2 = 2$$
$$35 + 2 = 37$$

Lilly   Eva   Noah   Anton

○ **2** Verdopple. Wie rechnest du? Beschreibe und erkläre deinen Rechenweg.

a) 39   b) 24   c) 48   d) 29   e) 51   f) ___

○ **3** Halbiere. Wie rechnest du? Beschreibe und erkläre deinen Rechenweg.

a) 72   b) 56   c) 68   d) 90   e) 110   f) ___

○ **4** Verdopple.

a) 40 + 40	b) 30 + 30	c) 50 + 50	d) 30 + 30	e) 20 + 20	f) 40 + 40
7 + 7	9 + 9	1 + 1	8 + 8	9 + 9	9 + 9
47 + 47	39 + 39	51 + 51	38 + 38	29 + 29	49 + 49

○ **5** Halbiere.

a) 90   4   94

5 a)	9 0	=	4 5	+	4 5
	4	=	2	+	2
	9 4	=	4 7	+	4 7

b) 80   6   86

c) 70   8   78

d) 60   2   62

e) 50   4   54

○ **6** ⚡ Verdoppeln im Hunderter

48

Das Doppelte ist 96.

Zahl bis 50 nennen, legen oder zeichnen und Zahl verdoppeln.

$2 \cdot 40 = 80$ und $2 \cdot 8 = 16$,
also $2 \cdot 48 = 96$

$2 \cdot 45 = 90$, also ist $2 \cdot 48 = 96$

Wiederholung des Verdoppelns und Halbierens im Hunderter. **1–5** Verdoppeln und Halbieren mit oder ohne Material.

■ (P, K) → Arbeitsheft, Seite 8 → Förderheft, Seiten 13, 14

● 7 Addieren und Halbieren.

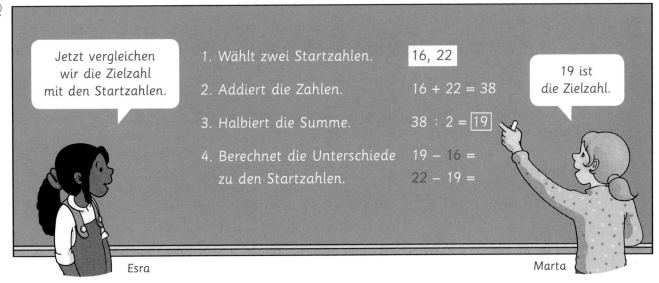

Jetzt vergleichen wir die Zielzahl mit den Startzahlen.

1. Wählt zwei Startzahlen.   16, 22

2. Addiert die Zahlen.   16 + 22 = 38

3. Halbiert die Summe.   38 : 2 = 19

4. Berechnet die Unterschiede   19 − 16 =
zu den Startzahlen.   22 − 19 =

19 ist die Zielzahl.

Esra   Marta

a) Rechnet mit den Startzahlen | 10, 12 | 10, 14 | 10, 16 |.
b) Rechnet mit den Startzahlen | 9, 11 | 9, 13 | 9, 15 |.
c) Was fällt euch auf? Wählt weitere Startzahlen.
d) Findet Startzahlen zur Zielzahl | 20 | (| 25 |, | 30 |, ...).

● 8 Zahlenrätsel. Wie heißt die Zahl? Probiert.

a)
Ich halbiere meine Zahl und erhalte 34.

Kim
8 a) _____ : 2 = 3 4

Max
8 a) 3 4 + 3 4 =

b)
Die Hälfte meiner Zahl ist 39.

c)
Das Doppelte meiner Zahl ist 50.

d)
Ich nehme meine Zahl mal 2 und erhalte 96.

e)
Ich teile meine Zahl durch 2 und erhalte 55.

f)
Ich verdopple meine Zahl und erhalte 78.

g) Erfindet weitere Zahlenrätsel zum Verdoppeln und Halbieren.

○ 9 ⚡ Halbieren im Hunderter

Gerade Zahl nennen, legen oder zeichnen und Zahl halbieren.

72

Die Hälfte ist 36.

Ich halbiere erst die 70 und dann die 2.

Ich denke an das Verdoppeln.
2 · 35 = 70, also 2 · 36 = 72.

7 Einige Beispiele zuerst gemeinsam rechnen und besprechen, Verständnis vom arithmetischen Mittel anbahnen.
8 Zahlenrätsel mit mehreren Lösungsmöglichkeiten. Eigene Rätsel erfinden und dem Partner stellen.

■ (P, K, A) → Arbeitsheft, Seite 8

Ich kann Rechenwege für Additions- und Subtraktionsaufgaben finden und beschreiben:
Zehner und **E**iner extra, **S**chrittweise, **H**ilfsaufgabe, **E**rgänzen.
Ich kann schöne Päckchen beschreiben und erfinden.
Ich kann Multiplikations- und Divisionsaufgaben geschickt lösen.

 mit 2   mit 5   mit 10 Quadrat

Addieren: Plusrechnen
Subtrahieren: Minusrechnen
Multiplizieren: Malrechnen
Dividieren: Geteiltrechnen

Summe: Ergebnis einer Plusaufgabe
Differenz: Ergebnis einer Minusaufgabe
Produkt: Ergebnis einer Malaufgabe

1 Einfache Aufgaben.

a) $43 + 20$
$43 + 50$

b) $36 + 4$
$36 + 7$

c) $72 - 20$
$72 - 50$

d) $45 - 5$
$45 - 7$

e) Finde 5 einfache Aufgaben zur Addition und zur Subtraktion.

2 Wie rechnest du?

a) $34 + 25$
$51 + 35$

b) $26 + 49$
$36 + 29$

c) $56 - 24$
$52 - 34$

d) $45 - 29$
$41 - 37$

e) Finde 5 Aufgaben zur Addition und zur Subtraktion.

3 Schöne Päckchen.

Was fällt dir auf? Beschreibe und erkläre. Setze fort.

a) $35 + 5$
$45 + 5$
$55 + 5$

b) $46 + 14$
$45 + 15$
$44 + 16$

c) $56 + 24$
$56 + 34$
$56 + 44$

d) $78 + 19$
$79 + 20$
$80 + 21$

4 Rechne geschickt.

a) $2 \cdot 6$
$3 \cdot 6$

b) $5 \cdot 4$
$6 \cdot 4$

c) $3 \cdot 3$
$4 \cdot 3$

d) $20 : 2$
$18 : 2$

e) $70 : 7$
$63 : 7$

f) $25 : 5$
$30 : 5$

5 Schöne Päckchen. Setze fort.

a) $5 \cdot 6$
$5 \cdot 7$
$5 \cdot 8$

b) $4 \cdot 4$
$3 \cdot 4$
$2 \cdot 4$

c) $3 \cdot 2$
$4 \cdot 3$
$5 \cdot 4$

d) $5 \cdot 1$
$6 \cdot 2$
$7 \cdot 3$

e) $8 \cdot 2$
$8 \cdot 3$
$8 \cdot 4$

f) $5 \cdot 5$
$6 \cdot 6$
$7 \cdot 7$

6 ⚡ Übt immer wieder.

Einmaleins an der Einmaleins-Tafel (Seite 13)

Einmaleins umgekehrt (Seite 14)

Verdoppeln im Hunderter (Seite 16)

Halbieren im Hunderter (Seite 17)

Forschen und Finden: Zahlengitter

Nach unten rechne ich immer plus 7, nach rechts immer plus 8.

Die Startzahl wird um 1 erhöht. Diese Zahl wird auch um 1 größer.

Was passiert mit der Zielzahl?

Noah

Marta

Kim

1 Rechnet Zahlengitter mit den Pluszahlen 7 und 8.

a) Startzahl: 0   Startzahl: 1   Startzahl: 2

b) Startzahl: 4   Startzahl: 6   Startzahl: 8

c) Startzahl: 5   Startzahl: 10   Startzahl: 15

d) Was fällt euch auf?

Alle Zahlen werden um 1 größer.

Anna

2 Rechnet Zahlengitter mit der Startzahl 0. Was passiert mit der Zielzahl?

a) Pluszahlen: 7, 9   Pluszahlen: 7, 10   Pluszahlen: 7, 11

b) Pluszahlen: 12, 13   Pluszahlen: 17, 18   Pluszahlen: 22, 23

c) Was fällt euch auf? Erklärt.

3 Findet verschiedene Zahlengitter. Ordnet und erklärt.

a) Die Startzahl ist 0 und die Zielzahl ist 20.   b) Die Startzahl ist 10 und die Zielzahl ist 20.

4 Findet Zahlengitter zu den Zielzahlen.

a) 25   b) 26   c) 27   d) 28   e) 29   f) 30

g) Findet eigene Zahlengitter.

Aufgabenformat „Zahlengitter" kennenlernen.   **1–4** Operative Veränderungen an den Zahlengittern durchführen (KV).
Beziehungen der Zahlengitter untereinander entdecken und mithilfe der Termdarstellung begründen.

19

■ (P, K, A)   → Arbeitsheft, Seite 10   → Förderheft, Seite 16

Mit Geld rechnen

10 €	1 €	10 ct	1 ct
3	2	0	8

Ich schreibe den Betrag in die Tabelle. — Lena

32,08 €

Ich schreibe den Betrag mit Komma. — Eva

32 Euro und 8 Cent kann ich auch anders legen. — Eric

○ **1** Wie viel Euro?

Schreibe den Betrag in eine Tabelle und mit Komma.

a)

1 a)	10 €	1 €	10 ct	1 ct	
	2	1	0	5	21,05 €

100 ct = 1,00 €
10 ct = 0,10 €
1 ct = 0,01 €
1 € 1 ct = 1,01 €
1 € 10 ct = 1,10 €

b)

c)

d)

e)

f)

g)

h)

i)

j)

○ **2** Legt, sprecht und vergleicht die Beträge.

Das sind sechs Euro und fünfzig Cent. — Lena

Sechs Euro fünfzig. — Eric

a)

6,50 €	6,05 €	6 € 5 ct
65 ct	60,50 €	0,65 €

b)

38 €	3,80 €	0,38 €
3 € 80 ct	30,08 €	3 € 8 ct

c)

0,01 €	10 €	1 € 10 ct
1 € 1 ct	0,10 €	1 €

1 Kommaschreibweise von Geldbeträgen im Unterrichtsgespräch an der Stellentafel erklären. Geldbeträge eintragen. Ggf. auch unkonventionelle Schreibweise ansprechen, z. B. 0,5 €.   **2** Sprech- und Schreibweise bei gemischten Geldbeträgen (Euro und Cent) vergleichen, die Bedeutung der Ziffern hinter dem Komma hervorheben.

■ (M, D)   → Arbeitsheft, Seite 11   → Förderheft, Seite 17

○ **3** Lege mit Rechengeld und schreibe mit Komma. Setze fort.

a) Immer 5 Cent dazu.

10 €	1 €	10 ct	1 ct
1	2	9	1
1	2	9	6
1	3	0	1

3 a)   1 2,9 1 €
       1 2,9 6 €

b) Immer 20 Cent dazu.

10 €	1 €	10 ct	1 ct
2	9	7	4
2	9	9	4

● **4** Schreibe Preislisten.

Eiskugeln	
Anzahl	Preis
1	1,10 €
2	2,20 €
3	
4	
5	

Waffeln	
Anzahl	Preis
1	2,50 €
2	
3	
4	
5	

Eisschokolade	
Anzahl	Preis
1	3,50 €
2	
3	
4	
5	

Eisdiele am Markt

Eiskugel 1,10 €
Sahne 0,80 €
Waffel 2,50 €
Eisschokolade 3,50 €

● **5** Wie viel kostet es?

a)

b)

c)

5 a)   2,2 0 € + 2,2 0 € =

d)

e)

f) Finde Aufgaben.

● **6** Schreibt passende Bestellungen. Was kostet zusammen …

a) … 7,00 €?   b) … 6,60 €?   c) … 5,20 €?   d) … 18,00 €?

● **7** a) Mila bezahlt 3,30 Euro für ein Eis. Wie viele Eiskugeln hat sie gekauft?

b) Noah gibt dem Eisverkäufer 10,00 Euro und bekommt 5,60 Euro zurück.
Was kann er gekauft haben?

c) Lilly, Sophie und Finn haben zusammen 7,50 Euro. Was können sie kaufen?

d) Kim, Anton und Eric haben zusammen 10,00 Euro. Jeder möchte zwei Kugeln Eis mit Sahne.
Reicht das Geld?

e) Findet Rechengeschichten.

---

3 Geldbeträge verändern und ablesen.   **4** Preislisten schreiben.   **5** Mit den Preislisten die Beträge berechnen.
6, 7 Sachaufgaben mit den Preislisten lösen.

■ (M, P)   → Arbeitsheft, Seite 12

Sachaufgaben

Schwimmbad »Ahoi«	Erwachsene	Kinder
2-Stunden-Karte	8,00 €	4,00 €
Jede weitere angefangene Stunde	3,00 €	1,50 €
Tageskarte	12,00 €	6,00 €

Kiosk	
Eis	1,30 €
Limo	1,50 €
Taucherbrille	12,50 €
Schwimmnudel	4,50 €
Wasserball	3,50 €

○ **1** Berechnet die Preise.

a) 2-Stunden-Karte Erwachsene / 2-Stunden-Karte Kinder

b) Tageskarte Erwachsene / Tageskarte Kinder

c) 2-Stunden-Karte Erwachsene / 2-Stunden-Karte / 2-Stunden-Karte Kinder

1 a) 8,00 € + 4,00 € + 12,50 € =

d) 2-Stunden-Karte Er... / ...tunden-Karte / 2-Stunden-Karte Erwachsene

e) Tageskarte Kinder / Tageskarte Kinder

f) Findet weitere Aufgaben.

○ **2** Welche Fragen könnt ihr beantworten?

a) Hat das Schwimmbad auch an Feiertagen geöffnet?

b) Vier Kinder möchten schwimmen gehen. Reichen 20 Euro für den Eintritt?

c) Kim und Lilly gehen um 16 Uhr schwimmen. Wie lange hat das Bad geöffnet?

d) Herr Hübscher kauft sich um 16 Uhr eine 2-Stunden-Karte. Um 18.30 Uhr verlässt er das Schwimmbad. Wie viel Euro muss er nachzahlen?

e) Kim hat 10 Euro. Sie kauft sich eine 2-Stunden-Karte. Nun möchte sie sich noch ein Eis und eine Schwimmnudel kaufen. Reicht das Geld?

f) Sophie bezahlt beim Kiosk mit einem 20-Euro-Schein. Sie bekommt 7,50 Euro zurück. Was kann sie gekauft haben?

Preistabellen gemeinsam betrachten und erläutern. **1** Preise ggf. mit Rechengeld berechnen. **2** Überprüfen, welche Fragen anhand der Preistabellen beantwortet werden können. Anschließend Aufgaben lösen.

■ (D, M) → Arbeitsheft, Seite 13 → Förderheft, Seite 18

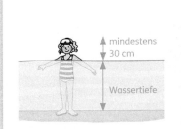

Ein Kind sollte mindestens 30 Zentimeter größer sein als die Wassertiefe, damit es im Nicht- schwimmerbecken gut stehen kann.

Schwimmabzeichen Bronze

– Sprung vom Beckenrand und mindestens 200 Meter Schwimmen in höchstens 15 Minuten
– einmal ca. 2 Meter Tieftauchen von der Wasser- oberfläche mit Heraufholen eines Gegenstandes
– Sprung aus 1 Meter Höhe oder Startsprung
– Kenntnis der Baderegeln

3 Welche Kinder sind groß genug für das Nichtschwimmerbecken?

a) Wassertiefe 100 cm

| Paula: 1m 32 cm | Noah: 1m 36 cm |

| Murat: 1m 29 cm | Anton: 1m 28 cm |

b) Wassertiefe 90 cm

| Kim: 1m 19 cm | Mila: 1m 22 cm |

| Eva: 1m 18 cm | Finn: 1m 28 cm |

4 Esra, Anna und Metin üben für das Schwimmabzeichen in Bronze.

a) Sie müssen 2 Meter tief tauchen. Wie viele Zentimeter fehlen noch?

| Esra Tauchtiefe: 1m 80 cm | Anna Tauchtiefe: 1m 35 cm | Metin Tauchtiefe: 1m 55 cm |

b) Sie müssen 200 Meter in 15 Minuten schwimmen. Eine Bahn ist 25 Meter lang.

| Anna ist bereits 100 Meter weit geschwommen. Wie viele Bahnen fehlen ihr noch? | Metin schwimmt in 15 Minuten 10 Bahnen. Ist er schnell genug? | Esra schwimmt um 12.15 Uhr los. Wann muss sie 200 Meter weit geschwommen sein? |

5 Die Kinder wollen 30 Minuten lang schwimmen. Die Uhren zeigen, wann sie ins Wasser gehen. Wann hören sie auf zu schwimmen?

a)

Paula

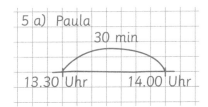

b)

Eva

c)

Anton

d)

Murat

6 Informiert euch über Baderegeln und die Schwimmabzeichen.

3, 4 Die Abkürzungen *m* und *cm* ansprechen, Sachaufgaben auf eigenen Wegen lösen. **5** Uhrzeiten ablesen, Zeitpunkte berechnen. **6** Baderegeln und Anforderungsbereiche bei den Schwimmabzeichen besprechen.

 23

(D, M) → Arbeitsheft, Seite 13

Würfelgebäude

Ich sehe den Dreierturm vorne links.

Von hier aus steht der Dreierturm hinten rechts.

Finn

Kim

1 Immer 10 Würfel.

1	3	2
2	1	1

1	1	2
3	2	1

2	2	2
1	2	1

2	2	1
2	2	1

a) Baut nach dem Plan.

b) Immer 2 Kinder haben nach dem gleichen Plan gebaut.
   Ordnet die Namen den Plänen zu.

1 b) | 1 3 2 / 2 1 1 | Marta und Anna

Marta

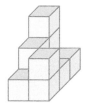

Till

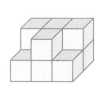

Eric

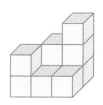

Kim

Anna

Anton

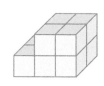

Paula

Finn

2 Ein Bauplan stimmt nicht. Erklärt und zeichnet neu.

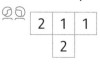

2	1	1
	2	

Lena

2	
1	2
1	

Esra

2		
1	1	2

Max

1	
1	2
2	

Till

Till   Max

Lena   Esra

3 Baut Gebäude mit 5 (6, …) Würfeln.
   Zeichnet die Baupläne von allen vier Seiten.

24

1 Würfelgebäude nach den Bauplänen bauen. Untersuchen, welche Gebäude zum gleichen Bauplan gehören. **2** Falschen Bauplan erkennen. Fehler erklären, Bauplan neu zeichnen. **3** Eigene Würfelgebäude bauen und alle vier Baupläne zeichnen.

■ (P, A, D) → Arbeitsheft, Seite 14 → Förderheft, Seite 19

→ Arbeitsheft, Seite 14   → Förderheft, Seite 19

※ **4** Spielt „**Würfelumbau**". Legt immer ...

a) ... einen Würfel dazu.

b) ... einen Würfel weg.

c) ... einen Würfel um.

5 Immer 8 Würfel. Nehmt einen Würfel weg. Welche Gebäude können entstehen?

Findet alle Möglichkeiten und zeichnet die Baupläne.

a)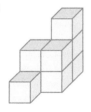

5 a)	vorher		nachher		
		3		3	3
	2	2	2	2	2
	1			1	

b)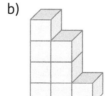

c)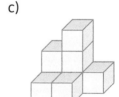

d) Baut ein eigenes Würfelgebäude. Nehmt einen Würfel weg.

Findet verschiedene Möglichkeiten und zeichnet die Baupläne.

6 Baut auf dem Plan und zeichnet die Baupläne.

Wie viele Möglichkeiten gibt es?

a) Baut mit 6 Würfeln.

b) Baut mit 7 Würfeln.

c) Baut mit 8 Würfeln.

Ich habe zuerst auf jede Stelle einen Würfel gelegt.

Leo

4 Das Spiel ausgehend von den selbst gezeichneten Bauplänen aus Aufgabe 3 spielen. Veränderung im Würfelgebäude und Bauplan zeigen.   5 Verschiedene Möglichkeiten finden, genau einen Würfel wegzunehmen. Baupläne zeichnen.
6 Mit 6, 7, ... Würfeln auf dem Bauplan bauen. Dabei darauf achten, dass gedrehte Gebäude gleich sind.

■ (P, K, D)

25

Orientierung im Tausenderraum

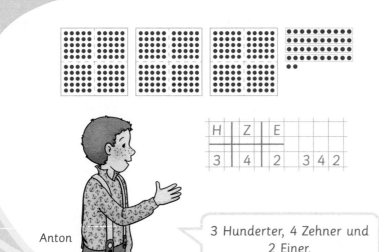

Anton: 3 Hunderter, 4 Zehner und 2 Einer.

H	Z	E	
3	4	2	3 4 2

Sophie: Dreihundertzweiundvierzig, erst die Hunderter schreiben, dann die Zehner, dann die Einer.

300
40
2

Bündeln

der **E**iner •
10 **E**iner = 1 **Z**ehner

der **Z**ehner ••••••••••
10 **Z**ehner = 1 **H**underter

der **H**underter
10 **H**underter = 1 **T**ausender

○ **1** Wie zählen die Kinder? Beschreibt.
ℬℬ

Es sind 21 Zehner und 5 Einer. Wir können bündeln.

20 Zehner sind 2 Hunderter, bleiben noch 1 Zehner und 5 Einer.

200 und 10 und 5, zweihundertfünfzehn.

Zweihundertfünfzehn, erst die Hunderter schreiben, dann die Zehner, dann die Einer.

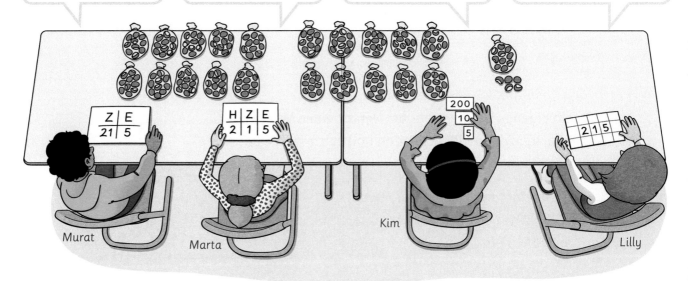

Z	E
21	5

H	Z	E
2	1	5

200
10
5

2	1	5

Murat
Marta
Kim
Lilly

✽ **2** Zählt weitere Gegenstände. Wie viele sind es? Bündelt ebenso.
ℬℬ

Zahlen bis 1000 lesen und darstellen lernen. **1** Unstrukturierte Anzahlen bündeln, Hunderter als fortzusetzende Einheit (10 Z = 1 H) bewusst erfahren, Darstellungen (Stellentafel, Stellenkarten, Bündel) vergleichen. **2** Mengen an unstrukturierten Materialien (Eicheln, Büroklammern, ...) geschickt bündeln, Ergebnisse präsentieren und vergleichen.

▦ (K, D) → Arbeitsheft, Seite 15 → Förderheft, Seiten 20, 21

Zählen, Bündeln und Schätzen

○ **3** Wie viele Hunderter (**H**), wie viele Zehner (**Z**), wie viele Einer (**E**)?

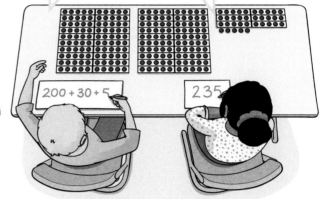

Das sind 23 Zehner und 5 Einer.

Wir bündeln immer 10 Zehner zusammen zu 1 Hunderter.

Das sind 2 Hunderter, 3 Zehner und 5 Einer, also 200 + 30 + 5.

Zweihundertfünfunddreißig, erst die Hunderter schreiben, dann die Zehner, dann die Einer.

Ben   Esra

a)
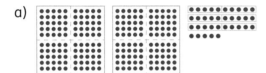

$$3\,a)\quad 200+30+5=235$$

b)

c)
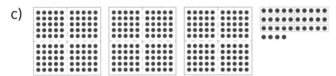

d)

e)
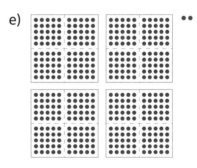

○ **4** Wie viele ungefähr? Schätzt und zählt geschickt.

3 Zehnerbündelungen herausstellen: 10 Einer sind 1 Zehner, 10 Zehner sind 1 Hunderter. **4** Zum Schätzen und Zählen Bündelungseinheiten schaffen oder vorhandene Strukturen sinnvoll nutzen, evtl. dafür Folien bereitstellen, damit die Kinder eigene Raster aufzeichnen können, um diese zum Zählen zu nutzen.

■ (K, D) → Arbeitsheft, Seite 15

Die Zahlen bis 1000

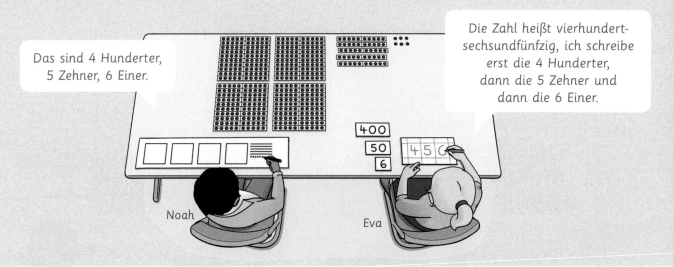

Das sind 4 Hunderter, 5 Zehner, 6 Einer.

Die Zahl heißt vierhundert-sechsundfünfzig, ich schreibe erst die 4 Hunderter, dann die 5 Zehner und dann die 6 Einer.

Noah

Eva

So kannst du Zahlbilder lesen und zeichnen:

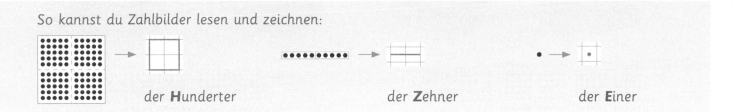

der **H**underter der **Z**ehner der **E**iner

○ **1** Zeichne die Zahlbilder, sprich und schreibe.

a)

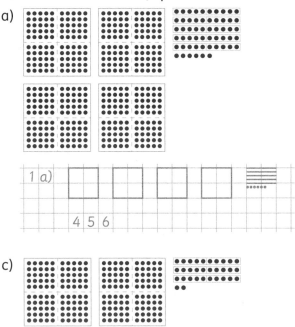

b)

c)

d)

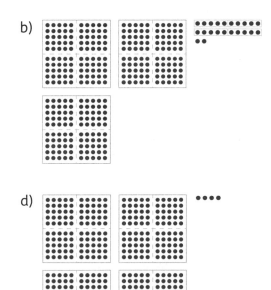

○ **2** Zählt vorwärts und rückwärts. Was fällt euch auf?

dreihundertzehn	dreihundertzwanzig	dreihundertdreißig ...
310	320	330
three hundred and ten	three hundred and twenty	three hundred and thirty
üç yüz on	üç yüz yirmi	üç yüz otuz

Mit den Punktefeldern (evtl. auch mit Zehnersystemblöcken) Stellenwerte bewusst thematisieren (Prinzip der fortgesetzten Bündelung, stellengerechte Anordnung). **1** Anzahlen bestimmen und zeichnerisch darstellen (evtl. passende Zahlenkarten legen). **2** Aufbau des Zahlwortes besprechen, Schreib- und Sprechweise thematisieren (erst H, dann Z, dann E notieren).

■ (K, D) → Arbeitsheft, Seite 16 → Förderheft, Seiten 22, 23

○ **3** Wie heißen die Zahlen? Schreibe.

a) ▢ ▢ ▢ | 3 a) | 2 0 0 | + | 3 | = | 2 0 3 |

b) ▢ ▢ ▢ ▢ ▢ .

c) ▢ ▢ ▢

d) ▢ ▢ ▢ ▢

e) ▢ ▢ ▤

f) ▢ ▢ ▢ ▢ ▢ ···

○ **4** Zeichne die Zahlbilder. Schreibe die Zahlen.

a) | 1 0 0 |
   | 2 0 |
   | 4 |

4 a) [Zahlbild] 1 2 4

b) | 2 0 0 |
   | 3 0 |
   | 6 |

c) | 4 0 0 |
   | 4 0 |
   | 4 |

d) Wähle eigene Zahlen.
   Zeichne und schreibe
   ebenso.

✳ **5** Finde viele verschiedene Zahlen. Wie gehst du vor?

a) mit | 3 0 0 |
        | 2 0 |
        | ▢ |

5 a) | 3 2 1 |
      | 3 2 2 |
      | 3 2 3 |

b) mit | 5 0 0 |
        | 4 0 |
        | ▢ |

c) mit | 2 0 0 |
        | ▢ |
        | 4 |

d) mit | ▢ |
        | 5 0 |
        | 6 |

○ **6** Lies die Zahlen.
Lege sie und schreibe sie auf.

a) siebenhundertdreiundfünfzig

| 6 a) | 7 0 0 | + | 5 0 | + | 3 | = | 7 5 3 |

b) fünfhundertdreiundsiebzig

c) fünfhundertsiebenunddreißig

d) achthundertzweiundsechzig

e) sechshundertachtundzwanzig

○ **7** Zahlendiktat. Wie heißt die Zahl?

○ **8** Zählt vorwärts und rückwärts. Was fällt euch auf?

dreihundert**ein**und**dreißig**   dreihundert**zwei**und**dreißig**   dreihundert**drei**und**dreißig** ...
331   332   333

three hundred **and** thirty-one   three hundred **and** thirty-two   three hundred **and** thirty-three

üç yüz otuz bir   üç yüz otuz iki   üç yüz otuz üç

3–5 Lesen und Zeichnen von Zahlbildern, Fünferstruktur nutzen (Lücke lassen nach 5 Z bzw. 5 E (oder halben Zehnerstrich)). Zahlen zunehmend systematisch legen. **6** Zahlwörter lesen. **7** Zahlendiktat: Ein Kind legt oder zeichnet Zahlbilder, das andere Kind nennt und notiert die Zahl. **8** Zahlwörter in verschiedenen Sprachen vergleichen.

29

■ (K, D) → Arbeitsheft, Seite 16

Die Stellentafel

Zahlen werden mit Ziffern geschrieben. Das sind 0, 1, 2, 3, 4, 5, 6, 7, 8, 9.
Aus 2 Ziffern können zweistellige Zahlen und aus 3 Ziffern dreistellige Zahlen gebildet werden.

1 Zeichne die Zahlbilder. Schreibe die Zahlen.

a)
H	Z	E
5	2	7

1 a) ☐ ☐ ☐ ☐ ☐ ⚌ ⦂⦂⦂   5 2 7

b)
H	Z	E
5	0	4

c)
H	Z	E
7	3	2

d)
H	Z	E
3	1	6

e)
H	Z	E
2	7	0

2 Schreibe die Zahlen in die Stellentafel. Vergleiche.

a)

2 a)
H	Z	E
5	0	4
5	4	0

b)

c)

d)

3 Schreibe die Zahlen in die Stellentafel. Vergleiche.

a) 500 + 20 +   3
   20 +   4 + 500

b) 40 +   8 + 600
   8 + 600 + 80

c)   60 + 900 +   3
   300 +   3 + 60

d) 700 + 20 + 7
   70 + 700 + 7

e) 800 +   8
   9 + 900

3 a)
H	Z	E
5	2	3
5	2	4

1 Thematisieren unbesetzter Stellen und der Rolle der Null beim Schreiben von Zahlen, dazu die Zahlen als Zahlbilder darstellen. **2** Zahlbilder deuten und in die Stellentafel übertragen, Gemeinsamkeiten und Unterschiede der Aufgabenpaare markieren. **3** Additive Struktur in Stellentafel übertragen, Veränderungen erkennen und darstellen.

■ (K, D) → Arbeitsheft, Seite 17 → Förderheft, Seiten 24, 25

4 Schreibt die Zahlen in die Stellentafel. Vergleicht.

a) Immer 1 Einer mehr.

259 und 260   150 und ___
209 und 210   199 und ___
319 und 320   289 und ___
399 und ___   ___ und ___

b) Immer 1 Zehner mehr.

232 und 242   160 und ___
340 und 350   196 und ___
290 und 300   990 und ___
495 und ___   ___ und ___

5 Was bedeutet die fett gedruckte Ziffer?

a) 34**7**   b) **7**34   c) 2**0**6   d) **3**1   e) **8**35   f) 19**9**

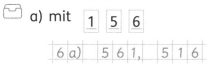

g) **5**93   h) 9**5**7   i) 95**7**   j) **9**57   k) 31**0**

6 Findet mit drei Ziffern möglichst viele verschiedene dreistellige Zahlen.
Welche Zahlen findet ihr?

a) mit [1] [5] [6]

b) mit [0] [4] [7]

c) mit [ ] [ ] [ ]

7 Legt Zahlen mit drei verschiedenen Ziffern. [0] [1] [2] [3] [4] [5] [6] [7] [8] [9]
Wie geht ihr vor?
Die Zahl ist ...

a) ... möglichst klein.   b) ... möglichst groß.   c) ... nah an 777.   d) ... nah an 500.

8 Spielt „**Die größere Zahl gewinnt**".
Legt die Ziffernkarten von 0 bis 9 verdeckt
auf den Tisch.

[0] [1] [2] [3] [4] [5] [6] [7] [8] [9]

Zieht abwechselnd eine Ziffernkarte und
legt sie in die Stellentafel.
Wer die größere Zahl hat, gewinnt.

4 Veränderungen von Zahlen in der Stellentafel und am Zahlbild darstellen, Forschermittel (Farben, Pfeile) zum Markieren nutzen.   **5** Stellenwerte benennen.   **6, 7** Zahlen mit Ziffernkarten in die Stellentafel legen, die Bedeutung der Position in der Stellentafel thematisieren (z. B. 3 kann 3 H, 3 Z oder 3 E bedeuten).   **8** Spiel mit Ziffernkarten.

31

■ (P, K, D)   → Arbeitsheft, Seite 17

Das Tausenderfeld

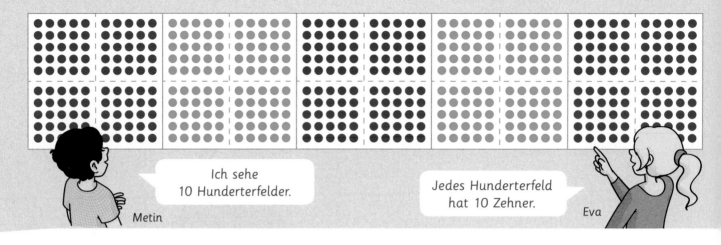

Ich sehe
10 Hunderterfelder.

Metin

Jedes Hunderterfeld
hat 10 Zehner.

Eva

○ **1** Welche Zahlen? Zeichne die Zahlbilder. Schreibe die Zahlen.

 a)

b)

c)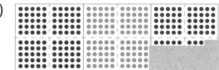

○ **2** Zeige die Zahlen am Tausenderfeld und schreibe sie in die Stellentafel.

 a) 310, 320, 330

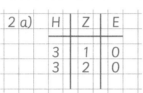

b) 137, 237, 337   c) 250, 500, 750

d) 8, 88, 888   e) Wähle eigene Zahlen.

○ **3** Schreibe die Zahlen in die Stellentafel und zerlege sie in Hunderter, Zehner und Einer.

a)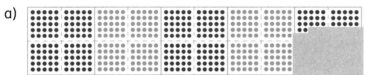

3 a)	H	Z	E
	4	3	2

$432 = 400 + 30 + 2$

b)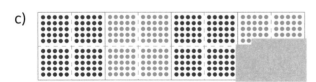

c)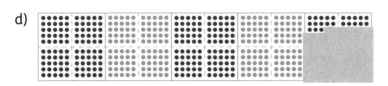

d)

e) Vergleiche die Zahlen. Was fällt dir auf?

 **1–3** Orientierungsübungen am Tausenderfeld, Zahlen am Tausenderfeld mit Abdeckwinkel oder 2 Blättern zeigen, als Zahlbild und in der Stellentafel notieren.

■ (D) → Arbeitsheft, Seiten 18, 19 → Förderheft, Seite 26

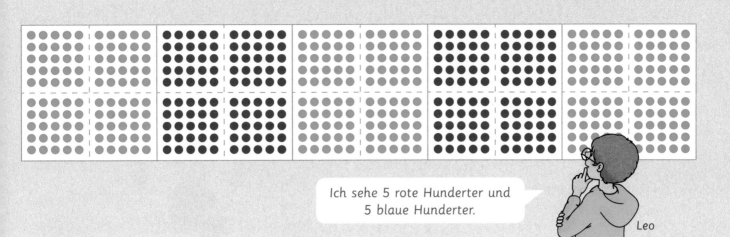

Ich sehe 5 rote Hunderter und 5 blaue Hunderter.

Leo

4 Wie heißen die Zahlen?

a)	b)	c)	d)
300 + 40 + 6	400 + 30 + 6	400 + 40 + 4	900 + 30
300 + 60 + 4	400 + 60 + 3	400 + 40	900 + 30 + 7
300 + 80 + 5	700 + 10 + 9	400 + 4	900 + 70 + 3
300 + 80	700 + 10	40 + 4	900 + 9
300 + 6	700 + 9	200 + 20 + 2	900 + 90 + 9

4 a) 3 0 0 + 4 0 + 6 = 3 4 6

5 Zeige die Zahlen am Tausenderfeld und zerlege sie in Hunderter, Zehner und Einer.

a) 124, 142, 214, 241, 412, 421

b) 321, 231, 213, 123, 312, 132

c) 670, 760, 706, 607, 67, 76

d) Wähle eigene Zahlen und zerlege ebenso.

5 a) 1 2 4 = 1 0 0 + 2 0 + 4

1 4 2 = 1 0 0 +

6 Immer 1000. Zerlege am Tausenderfeld.

a)	b)	c)	d)	e) Finde ebenso
500 + ___	400 + ___	900 + ___	500 + ___	Aufgaben.
300 + ___	410 + ___	875 + ___	501 + ___	
700 + ___	390 + ___	925 + ___	499 + ___	

7 Wie viele?

256

Zahl zeigen und nennen.

200 + 50 + 6

200 und 56

zweihundertsechsundfünfzig

2 Hunderter, 5 Zehner und 6 Einer.

4, 5 Zerlegung von Zahlen notieren. Beziehungen zwischen den Zahlen erkennen. 6 1000 in zwei Teilmengen zerlegen, evtl. am Tausenderfeld mit Strohhalmen oder Biegeplüsch zeigen.

 33

■ (K, D) → Arbeitsheft, Seiten 18, 19 → Förderheft, Seite 27

Der Zahlenstrahl bis 1000

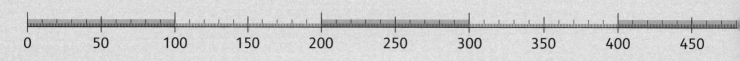

0   50   100   150   200   250   300   350   400   450

✳ 1 Beschreibt den Zahlenstrahl bis 1000.

○ 2 Zeigt und nennt immer zwei Zahlen.

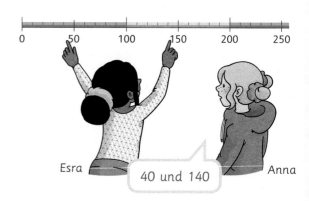

0   50   100   150   200   250

Esra · 40 und 140 · Anna

a) 40 und 140   210 und 410   590 und 990

b) 180 und 810   350 und 530   460 und 640

c) Findet eigene Zahlenpaare.

○ 3 Zahlen vergleichen: < oder > oder =?

a) 855 ● 585   b) 160 ● 261   c) 789 ● 879   d) 2H8E ● 28   e) 900 + 90 ● 919

580 ● 805   210 ● 21   900 ● 978   1Z2E ● 120   900 + 70 ● 971

899 ● 599   340 ● 434   897 ● 879   3H4Z ● 340   900 + 3 ● 943

f) Worauf achtest du, wenn du Zahlen vergleichst?

○ 4 Nachbarzahlen.

a) 348, 356, 409, 510, 550

4 a)	3 4 7,	3 4 8,	3 4 9
		3 5 6	

b) 651, 708, 798, 800, 991

c) Schreibe Zahlen mit Nachbarzahlen.

Nachbarzahlen

347 — der Vorgänger   348   349 — der Nachfolger

○ 5 Nachbarzahlen. Zurück zum Vorgänger, vorwärts zum Nachfolger.

a) 500 − 1   b) 800 − 1   c) 999 − 1   d) 599 − 1   e) 777 − 1   f) 444 − 1

500 + 1   800 + 1   999 + 1   599 + 1   777 + 1   444 + 1

○ 6 Nachbarzehner. Zeige und schreibe auf.

a) 348, 654, 754, 854, 94

| 6 a) | 3 4 0, | 3 4 8, | 3 5 0 |

b) 630, 635, 640, 645, 650

c) Schreibe Zahlen mit Nachbarzehnern.

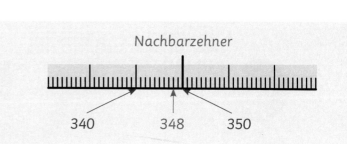

Nachbarzehner

340   348   350

1–3 Strukturen des Zahlenstrahls erarbeiten, Finden und Vergleichen von Zahlen (z. B. durch die Orientierung an Zehner- und Hunderterzahlen, Zählen in Einzelschritten vermeiden). **4–6** Begriffe *Nachbarzahlen (Vorgänger* und *Nachfolger)* und *Nachbarzehner* wiederholen.

■ (K, D)   → Arbeitsheft, Seite 20   → Förderheft, Seite 28

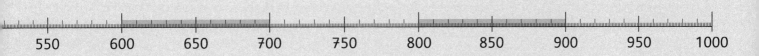

○ **7** Nachbarzehner. Zurück zur Zehnerzahl, vorwärts zur Zehnerzahl.

a) 312 − __ = 310
312 + __ = 320

b) 436 − __ = 430
436 + __ = 440

c) 898 − __ = 890
898 + __ = 900

d) Finde ebenso
Aufgaben.

○ **8** Nachbarhunderter.

Zeige und schreibe auf.

a) 840, 730, 620, 510, 404, 400

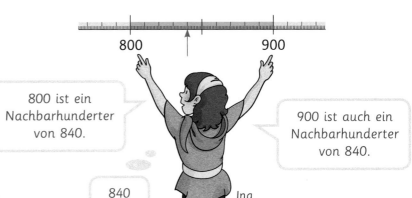

| 8 a) | 8 0 0, | 8 4 0, | 9 0 0 |
| | | 7 3 0 | |

800 ist ein Nachbarhunderter von 840.

900 ist auch ein Nachbarhunderter von 840.

840

Ina

b) 202, 220, 660, 606, 990, 909

c) Schreibe Zahlen mit Nachbarhunderten.

○ **9** Nachbarhunderter. Zurück zur Hunderterzahl.

a) 240 − __ = 200
235 − __ = 200
230 − __ = 200

| 9 a) | 2 4 0 − 4 0 = 2 0 0 |
| | 2 3 5 − __ = 2 0 0 |

b) 526 − __ = 500
627 − __ = 600
728 − __ = 700

c) 436 − __ = 400
440 − __ = 400
444 − __ = 400

○ **10** Nachbarhunderter. Vorwärts zur Hunderterzahl.

a) 290 + __ = 300
280 + __ = 300
270 + __ = 300

b) 475 + __ = 500
480 + __ = 500
485 + __ = 500

c) 765 + __ = 800
875 + __ = 900
985 + __ = 1000

d) 175 + __ = __
375 + __ = __
575 + __ = __

○ **11** ⚡ Zählen in Schritten

250   300   350

275, 10er-Schritte vorwärts.

275, 285, 295 …

Startzahl und Schritte vorgeben, in Schritten zählen und zeigen.

Die Einerstelle bleibt immer gleich.

Immer plus 10.

Nach 295 fängt ein neuer Hunderter an, also 305.

7–10 Begriffe *Nachbarzehner* und *Nachbarhunderter* besprechen und am Zahlenstrahl darstellen. Differenzen einer Zahl zu den Nachbarzehnern bzw. -hundertern ermitteln.

35

■ (K, D)   → Arbeitsheft, Seite 20   → Förderheft, Seite 29

Der Rechenstrich

250 liegt in der Mitte zwischen 0 und 500.

260 liegt nah an 250.

Metin   Lena

✳ 1 Zeichne einen Rechenstrich. Trage Zahlen ungefähr ein.
Überlege: Welche Zahlen helfen dir?

| 260 | 450 | 525 | 900 | 701 | 42 |

○ 2 Trage die Zahlen ungefähr am Rechenstrich ein.

a)
200   300

| 206 | 250 | 210 | 290 | 270 | 225 |

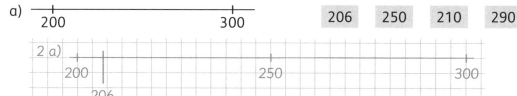

b)
400   600

| 450 | 500 | 590 | 509 | 410 | 550 |

c)
450   650

| 452 | 525 | 484 | 490 | 649 | 622 |

◖ 3 Schritte am Rechenstrich. Zeichne und rechne. Starte mit 500, 650, 725, 830, 308.

a) Immer 10 vor und zurück.

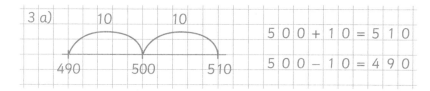

$500 + 10 = 510$
$500 - 10 = 490$

b) Immer 100 vor und zurück.

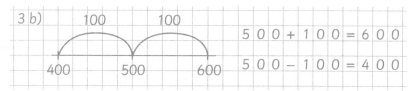

$500 + 100 = 600$
$500 - 100 = 400$

c) Immer 50 vor und zurück.

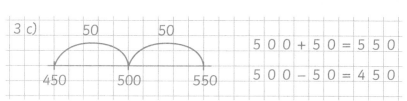

$500 + 50 = 550$
$500 - 50 = 450$

1, 2 Zusammenhang Zahlenstrahl und Rechenstrich herstellen, Abstände am Rechenstrich ungefähr bestimmen.
3 Unterschiedliche Deutungen am Rechenstrich vornehmen: in Abhängigkeit vom gewählten Ausschnitt Zahlen wählen, Lösungen vergleichen.

■ (K, D) → Arbeitsheft, Seite 21 → Förderheft, Seite 30

4 Die Mitte zwischen zwei Zahlen.
Beschreibe.

Finde die Mitte zwischen ...

a) ... 460 und 500.

b) ... 140 und 240.

c) ... 100 und 400.

d) ... 500 und 1000.

e) ... 390 und 420.

f) ... 342 und 372.

5 Ergänze erst zum nächsten Zehner, dann zum nächsten Hunderter.
Rechne und zeichne am Rechenstrich.

a) 273
   373

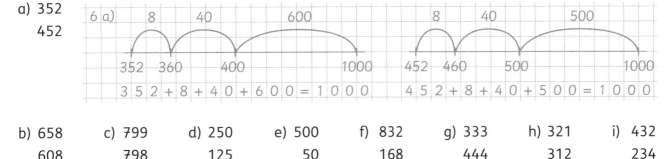

b) 503   c) 555
   903   560

d) 614   e) 430
   624   425

6 Ergänze bis 1000. Rechne und zeichne am Rechenstrich.

a) 352
   452

6 a)

```
        8       40        600                   8       40        500
   352  360    400        1000         452     460     500        1000
   3 5 2 + 8 + 4 0 + 6 0 0 = 1 0 0 0    4 5 2 + 8 + 4 0 + 5 0 0 = 1 0 0 0
```

b) 658   c) 799   d) 250   e) 500   f) 832   g) 333   h) 321   i) 432
   608   798   125   50   168   444   312   234

7 Zahlenrätsel: Wie heißt die Zahl?

a) Erst 6 zum Zehner vor und
   dann 300 weiter. Ich erhalte 530.

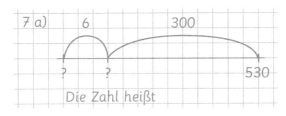

b) Erst 3 zum Hunderter vor und dann
   400 weiter. Ich erhalte 1000.

c) Erst 5 zum Zehner zurück und dann
   300 weiter zurück. Ich erhalte 470.

d) Finde eigene Zahlenrätsel.

4 Differenz zwischen zwei Zahlen erkunden und deren mittlere Zahl finden. Strategien beschreiben. **5, 6** Zur Stufenzahl in Schritten ergänzen. **7** Rechenstrich zum Problemlösen einsetzen: eigene Zahlenrätsel erfinden, evtl. Notation der Rätsel auf Blankokarteikarten (Lösung auf der Rückseite), Bearbeitung in Einzel- oder Partnerarbeit in freien Arbeitsphasen.

■ (P, K, D) → Arbeitsheft, Seite 21

37

Ich kann die Zahlen bis 1000 lesen, schreiben und vergleichen.

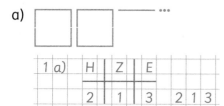

H	Z	E
2	3	6

200 + 30 + 6

Vorgänger und Nachfolger einer Zahl heißen Nachbarzahlen: 235, **236**, 237.
Die Zehnerzahlen vor und nach einer Zahl heißen Nachbarzehner: 230, **236**, 240.
Die Hunderterzahlen vor und nach einer Zahl heißen Nachbarhunderter: 200, **236**, 300

1 Schreibe die Zahlen in die Stellentafel.

a)

b)

c)

1 a)	H	Z	E			
	2	1	3	2	1	3

2 Zeichne die Zahlbilder und zerlege.

a) 253   b) 143   c) 306
d) 150   e) 205   f) 111

3 Wie heißt die Zahl?

a) 3 H, 2 Z, 0 E   b) 5 H, 11 Z, 4 E   c) 2 H, 1 Z, 12 E   d) 4 H, 10 Z, 1 E

4 Zahlen vergleichen: < oder > oder =?

a) 505 ● 605   b) 64 ● 640   c) 399 ● 401   d) 8 H, 4 Z ● 841
   505 ● 405   740 ● 74   799 ● 701   4 E, 8 H ● 840

5 Schreibe die ...

a) ... Nachbarzahlen zu
121, 250, 576, 879.

b) ... Nachbarzehner zu
323, 456, 673, 993.

c) ... Nachbarhunderter zu
189, 890, 980, 899.

6 Zeichne einen Rechenstrich und trage die Zahlen ungefähr ein.

a)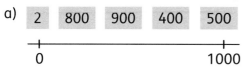

b)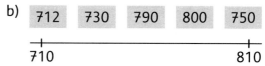

7 ⚡ Übt immer wieder.

Wie viele? (Seite 33)   Zählen in Schritten (Seite 35)

 Wesentliche Aspekte des Kapitels noch einmal reflektieren.

■ (K) → Arbeitsheft, Seite 22 → Förderheft, Seite 31

Forschen und Finden: Die Stellentafel

Das ist die Zahl 731.

Hunderter	Zehner	Einer
H	Z	E
•••••• ••	•••	•

Was passiert, wenn man das Plättchen in eine andere Spalte legt?

Ich lege ein Plättchen zu den Einern. Dann ist es 732.

Ben

Mila

1 Legt 1 Plättchen dazu. Welche Zahlen können es sein?

a)

H	Z	E
•••••• ••	•••	•

1 a) 7 3 2, 7 4 1,

b)

H	Z	E
••••••	•	••••• •••

c)

H	Z	E
•••	•••	••••• •

d) Wählt eigene Zahlen.

2 Nehmt 1 Plättchen weg. Welche Zahlen können es sein?

a)

H	Z	E
••••	•••	••••• •••

b)

H	Z	E
••••••	•	••••• •••

c)

H	Z	E
••	•••	••••• ••••

d) Wählt eigene Zahlen.

3 Legt die Zahl. Verschiebt immer 1 Plättchen.

Welche Zahlen können es sein? Ordnet.

a)

H	Z	E
•••	•••••• •	•

b)

H	Z	E
•••		•••••

c)

H	Z	E
••	••••• ••••	

d) Wählt eigene Zahlen.

4 Immer gleich viele Plättchen in der Stellentafel. Welche Zahlen könnt ihr legen?

Ordnet und schreibt auf. Begründet, warum es keine weiteren Zahlen gibt.

a) Immer 1 Plättchen

4 a)	H	Z	E	H	Z	E	H	Z	E						
		•				•				•			1 0 0,	1 0,	1

b) Immer 2 Plättchen.

c) Immer 3 Plättchen.

d) Immer ... Plättchen.

1–3 Ausgangszahl durch Hinzufügen, Wegnehmen oder Verschieben von Plättchen verändern. **3c)** 10 Zehner zu 1 Hunderter bündeln. **4** Systematisches Vorgehen anbahnen, zum Begründen auffordern.

39

(P, K, A, D) → Arbeitsheft, Seite 23 → Förderheft, Seite 32

Geldwerte

Cent- und Euro-Münzen

Euro-Scheine

1 Wie viel Euro?

a)

1 a)		3	3	8	€

b)

c)

d)

e)

f)

g)

2 Lege die Geldbeträge. Finde verschiedene Möglichkeiten. Zeichne oder schreibe.

a) 120 € b) 102 € c) 150 € d) 270 € e) 301 € f) 1000 €

2 a)	1 2 0 € = 1 0 0 € + 2 0 €
	1 2 0 € = 1 0 0 € + 1 0 € + 1 0 €
	Max

2 a)	100	10	5	②	②	①
	100	20				Ina

3 Lege mit möglichst wenigen Scheinen und Münzen. Wie gehst du vor?

a) 321 € b) 123 € c) 231 € d) 199 € e) 201 € f) 333 €

3 a)	3 2 1 € = 2 0 0 € + 1 0 0 € +

40

1 Euro-Münzen und Euro-Scheine sowie Eurobeträge ermitteln. **2, 3** Wechseln von Eurobeträgen mit Rechengeld vornehmen. Verschiedene Möglichkeiten für die Darstellung von Geldbeträgen finden und beschreiben.

■ (P, K, A, D) → Förderheft, Seiten 33, 34

4 Wie könnt ihr die Geldbeträge noch legen?

Versucht es mit 1, 2, 3, 4, 5, 6, 7, 8, 9 und 10 Scheinen.

a)

b)

c)

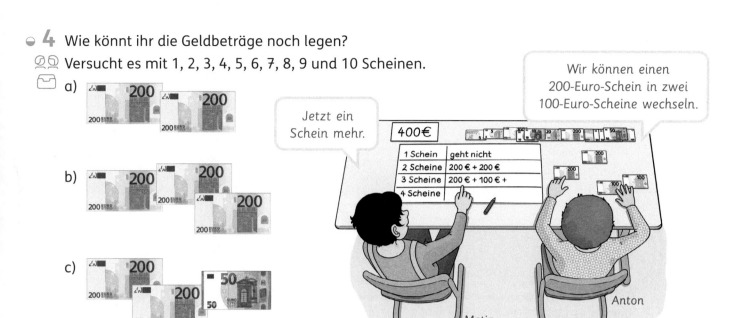

5 a) Legt mit fünf Scheinen.
150 €, 250 €, 350 €, 450 €

b) Legt mit drei Scheinen.
70 €, 90 €, 110 €, 130 €

c) Legt mit vier Scheinen.
75 €, 95 €, 115 €, 135 €

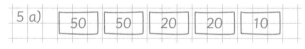

6 Immer 400 Euro. Wie legt ihr?

a) Drei Scheine,
zwei davon sind gleich.

b) Vier Scheine,
zwei davon sind gleich.

c) Sechs Scheine,
zwei davon sind gleich.

d) Sieben Scheine,
drei davon sind gleich.

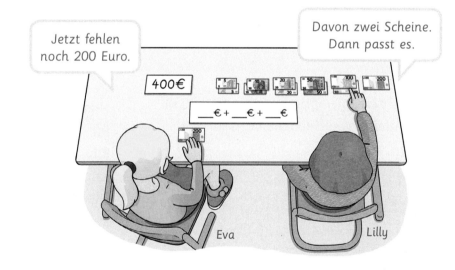

7 Im Geldbeutel sind vier verschiedene Geldscheine. Es ist kein 200-Euro-Schein dabei.

a) Wie viel Euro sind es mindestens?

b) Wie viel Euro sind es höchstens?

c) Welcher Betrag kann es noch sein?

8 Max hat im Geldbeutel 60 Euro in Scheinen.

a) Wie viele Scheine sind es mindestens?

b) Wie viele Scheine sind es höchstens?

c) Welche Scheine können es sein?

4–6 Wechseln von Eurobeträgen mit Rechengeld vornehmen. Vorgehensweise der Kinder im Klassengespräch (Mathekonferenz) besprechen. 7, 8 Rätsel mit Geld lösen (ggf. eigene Rätsel erfinden).

41

■ (P, K, A, D) → Förderheft, Seiten 33, 34

Längen: Zentimeter und Meter

100 Zentimeter sind 1 Meter.

$100\ cm = 1\ m$
$10\ cm = 0{,}10\ m$
$1\ cm = 0{,}01\ m$

Drei Schreibweisen
in Meter und Zentimeter   2 m 9 cm
in Zentimeter   209 cm
in Meter   2,09 m

1 Schreibt die Sprungweiten der Kinder auf drei verschiedene Weisen.

2 Beantwortet die Fragen.

a) Welche Kinder bekommen 9 Punkte?

b) Wer hat einen Punkt weniger als Noah?

c) Lilly will 24 Punkte erreichen. Sie ist zweimal gesprungen und hat 16 Punkte bekommen. Wie weit muss sie jetzt springen?

d) Ina will 10 Punkte bekommen. Wie viele Zentimeter fehlen ihr?

e) Findet weitere Fragen.

Name	Sprungweite	Punkte
Ina	2 m 9 cm	9
Kim	2 m 30 cm	
Anna	2 m 42 cm	
Till	2 m 85 cm	
Metin	2 m 55 cm	
Lilly	1 m 90 cm	
Noah	2 m 4 cm	

1, 2 Sprungweiten auf verschiedene Weisen schreiben. Gemäß des Zonenweitsprungs des Deutschen Sportabzeichens in Punkte umrechnen. Mit Längen in diesem Kontext arbeiten, z. B. Sprungweiten in der Klasse ermitteln und auf drei verschiedene Weisen schreiben.

■ (K, M, D) → Arbeitsheft, Seite 24 → Förderheft, Seiten 35, 36

○ **3** Tiere in der Natur: Körperlängen (K) und Sprungweiten (S).

Die Waldmaus ist nur 8 Zentimeter groß und springt 75 Zentimeter weit.

Die Waldmaus springt zwar nicht so weit wie das Mauswiesel. Sie springt aber fast das Zehnfache ihrer Körpergröße.

Die Körperlänge eines Tieres wird anders als beim Menschen gemessen: von der Nasenspitze bis zum Rumpfende (also bis zur Schwanzwurzel). Bei verschiedenen Tieren einer Art unterscheiden sich natürlich auch die Länge und die Sprung- weite voneinander.

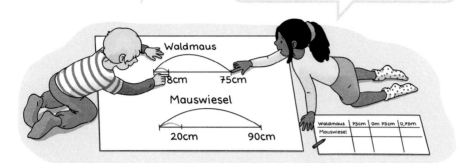

	Waldmaus	Waldmaus	75cm	0m 75cm	0,75m
Mauswiesel					

Mauswiesel	Waldmaus	Hase	Fuchs
K: 0,25 m	8 cm	0,5 m	75 cm
S: 1 m 25 cm	75 cm	2 m	2 m 75 cm

a) Zeichnet die Körperlängen und Sprungweiten der Tiere auf. Wie weit springt ihr?

b) Schreibt die Sprungweiten mit Komma. Ordnet von klein nach groß.

c) Ordnet auch die Körperlängen.

d) Vergleicht die Sprungweiten mit den Körperlängen. Findet passende Tiere für die Sätze:
   … springt etwa das Vierfache der eigenen Körperlänge.
   … springt etwa das Fünffache der eigenen Körperlänge.
   … springt etwa das Zehnfache der eigenen Körperlänge.

e) Sucht Körperlängen und Sprungweiten von Tieren. Vergleicht ebenso.

○ **4** Meter oder Zentimeter?

a) Ein Biber ist 1 ___ lang, er springt 50 ___ weit.

b) Ein Wildschwein ist 180 ___ lang.

c) Ein Hirsch springt 9 ___ weit.

✳ d) Schreibe weitere Rätsel. Stelle sie deinem Partner.

3 Sprungweiten auf Tapetenrolle, ggf. auf dem Schulhof darstellen, Vorstellungen von den Längenverhältnissen aufbauen.
4 Stützpunktvorstellungen beim Lösen aktivieren und vertiefen.

43

Längen: Zentimeter und Millimeter

Die Biene ist 12 Millimeter lang.

Lilly

Man kann auch sagen: 1 Zentimeter und 2 Millimeter.

Metin

| 10 Millimeter sind 1 Zentimeter. | 10 mm = 1 cm |
| 1000 Millimeter sind 1 Meter. | 1000 mm = 1 m |

1 Miss die Längen der Tiere. Schreibe auf zwei verschiedene Weisen.

Hummel

Blattlaus

Waldameise

Wespe

Stubenfliege

Grüner Schildkäfer

Maikäfer

Marienkäfer

Mistkäfer

Glühwürmchen

| Hummel: | 1 4 m m , | 1 c m 4 m m |
| Blattlaus: | | |

2 Millimeter oder Zentimeter? Wie lang sind die Insekten ungefähr

a) Der Kartoffelkäfer ist 15 ___ lang.

b) Der Ohrenkneifer ist 2 ___ lang.

c) Die Heuschrecke ist 38 ___ lang.

3 Was ist ungefähr so groß? Sammelt Beispiele.

Ungefähr 1 mm

Ungefähr 1 cm

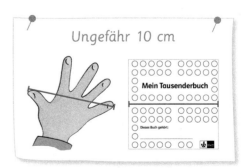
Ungefähr 10 cm

Mein Tausenderbuch

1 Tierlängen vom Hinterleib bis zum Kopf messen. Nach Körperlänge ordnen. Unterschiede bestimmen oder Tiere paarweise vergleichen (Blattlaus ist halb so lang wie die Ameise). **2** Maßangaben einsetzen. Stützpunktvorstellungen aktivieren.
3 Plakat erstellen: Was ist ungefähr 1 mm (1 cm, 10 cm) groß?

■ (K, A, D) → Arbeitsheft, Seite 25

4 a) Vergleicht die Flügelspannweite (F) und die Körperlänge (K) der Schmetterlinge.
Was fällt euch auf?

Admiral	Distelfalter	Großer Kohlweißling	Kleiner Fuchs
F: 56 mm	52 mm	68 mm	45 mm
K: 28 mm	26 mm	34 mm	22 mm

b) Vergleicht eure Armspanne mit eurer Körperlänge. Was fällt euch auf?

5

Der Abendsegler ist eine Fledermaus. Er ist ungefähr 70 mm lang. Der Abendsegler hat eine Flügelspannweite von bis zu 380 mm. Die Ohren sind ungefähr 18 mm lang.

a) Zeichnet den Umriss des Abendseglers.

b) Zeichnet ebenso die Umrisse der Fledermäuse.

Fledermausart	Körperlänge	Flügelspannweite	Länge der Ohren
Zwergfledermaus	44 mm	210 mm	11 mm
Braunes Langohr	47 mm	265 mm	36 mm
Mausohr	74 mm	390 mm	28 mm

6 Wählt ein Tier. Sucht nach interessanten Längen. Erstellt ein Plakat.
Findet Fragen und rechnet.

4 Maße am Lineal zeigen. 5 Maße am Lineal zeigen, Umrisse auf DIN-A3-Papier zeichnen. 6 Plakate bzw. Steckbriefe zu anderen Tieren erstellen. Informationen dazu in Büchern und/oder im Internet finden.

45

■ (K, D) → Arbeitsheft, Seite 25

Addition und Subtraktion im Tausenderraum

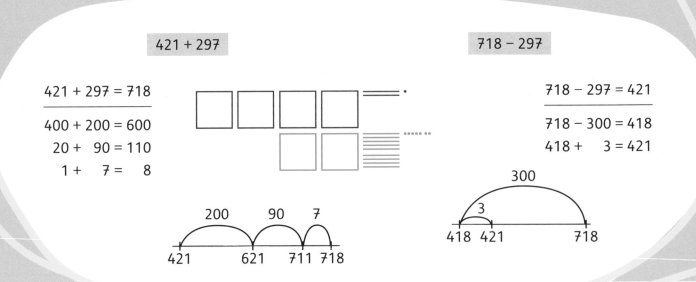

$421 + 297$ $718 - 297$

$421 + 297 = 718$
—————————
$400 + 200 = 600$
$20 + 90 = 110$
$1 + 7 = 8$

$718 - 297 = 421$
—————————
$718 - 300 = 418$
$418 + 3 = 421$

1 Einfache und schwierige Aufgaben. Sortiert.

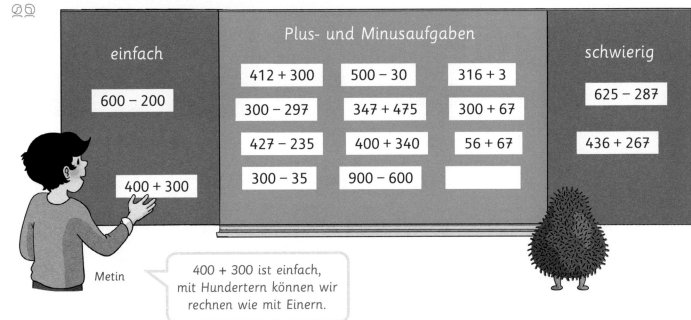

einfach

Plus- und Minusaufgaben

schwierig

$412 + 300$	$500 - 30$	$316 + 3$
$300 - 297$	$347 + 475$	$300 + 67$
$427 - 235$	$400 + 340$	$56 + 67$
$300 - 35$	$900 - 600$	

$600 - 200$

$400 + 300$

$625 - 287$

$436 + 267$

Metin

400 + 300 ist einfach,
mit Hundertern können wir
rechnen wie mit Einern.

2 a) Welche Aufgaben findest du einfach? Schreibe und rechne.

$500 + 200$	$678 + 22$	$990 - 876$	$499 + 234$	$219 + 21$
$567 - 345$	$565 + 100$	$606 - 3$	$616 - 432$	$222 + 444$
$544 - 22$	$99 - 11$	$400 + 56$	$880 - 80$	$990 - 91$

b) Finde weitere einfache Aufgaben.

1, 2 Einfache und schwierige Aufgaben im Klassengespräch oder in Partnerarbeit begründet zuordnen; Liste erweitern
und immer wieder aufgreifen. In nächster Zeit öfter kontrollieren, ob bislang als schwierig geltende Aufgaben mittlerweile
einfach(er) zu rechnen sind (KV).

■ (K, A) → Arbeitsheft, Seite 26 → Förderheft, Seiten 37–40

Einfache Aufgaben

3 Mit **Hundertern** rechnen. Vergleiche die Ergebnisse.

a) 100 + 32
   200 + 32

Es kommt nur
1 Hunderter dazu.
Das ist einfach.

Noah

b) 400 + 26
   400 + 126

c) 300 + 41
   300 + 241

d) 700 − 40
   600 − 40

e) 500 − 100
   500 − 400

f) 250 − 50
   250 − 150

g) Finde weitere Aufgabenpaare.

4 Mit **Zehnern** rechnen. Vergleiche die Ergebnisse.

a) 326 + 20
   336 + 20

b) 438 + 10
   438 + 30

c) 520 + 34
   510 + 34

d) 460 − 20
   470 − 20

e) 278 − 70
   278 − 40

f) 579 − 30
   569 − 30

5 Mit **Einern** rechnen. Vergleiche die Ergebnisse.

a) 543 + 3
   553 + 3

b) 245 + 3
   245 + 4

c) 298 + 4
   398 + 4

d) 372 − 2
   272 − 2

e) 165 − 4
   145 − 4

f) 148 − 5
   148 − 7

6 Plustabellen.

Berechne die Innenzahlen und vergleiche.

345 + 340 = 685

+	340	341	342	← die Randzahlen
345	685			← die Innenzahlen
445				

Ina

a)

+	340	341	342
345			
445			

b)

+	200	210	220
430			
431			

c)

+	340	335	330
540			
650			
760			

7 Einfache Additionsaufgaben, Einfache Subtraktionsaufgaben

Hunderter, Zehner oder Einer dazu oder weg: Aufgabe nennen, legen oder zeichnen und rechnen.

687 + 60

443 − 50

747

393

3–5 Grundstock einfacher Aufgaben aus dem Hunderterraum ableiten. **6** Das Ableiten von Additions- und Subtraktions-aufgaben vorbereiten (KV).

■ (K, A) → Arbeitsheft, Seite 26 → Förderheft, Seiten 37–40

Verdoppeln und Halbieren

○ **1** Wie verdoppeln die Kinder 126? Beschreibt.

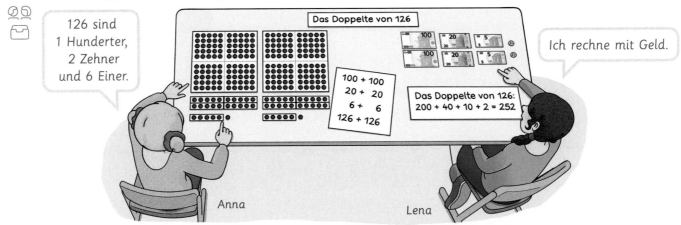

126 sind
1 Hunderter,
2 Zehner
und 6 Einer.

Das Doppelte von 126

100 + 100
20 + 20
6 + 6
126 + 126

Das Doppelte von 126:
200 + 40 + 10 + 2 = 252

Ich rechne mit Geld.

Anna

Lena

○ **2** Verdopple. Wie rechnest du? Beschreibe und erkläre deinen Rechenweg.

a) 214 b) 325 c) 433 d) 205 e) 107 f) Wähle eigene Zahlen und verdopple.

○ **3** Verdoppeln.

a) 132 + 132

100 + 100
30 + 30
2 + 2

3 a)												
				1	3	2	+	1	3	2	=	2	6	4
				1	0	0	+	1	0	0	=	2	0	0
					3	0	+		3	0	=		6	0
						2	+			2	=			4

b) 436 + 436

400 + 400
30 + 30
6 + 6

c) 357 + 357

300 + 300
50 + 50
7 + 7

● **4** a) Ben hat 235 € auf seinem Sparkonto. Seine Schwester hat **doppelt so viel** Geld wie Ben. ?

b) Max hat 164 €. Er hat **doppelt so viel** Geld wie Paula. ?

c) Julia hat 56 € mehr als Meret. Sie hat **doppelt so viel** Geld wie Meret. ?

d) Mila und Eva haben zusammen 336 €. Mila hat **doppelt so viel** Geld wie Eva. ?

e) Erfindet weitere Rechengeschichten zum Verdoppeln.

○ **5** ⚡ Verdoppeln im Tausender

230

Das Doppelte
ist 460.

230 + 230

2 mal 230

Zehnerzahl bis 500 nennen, legen
oder zeichnen und verdoppeln.

200 + 200 und
30 + 30

1–3 Lösungswege selbst entwickeln und besprechen. Mit Material legen, zeichnen und rechnen. Stellenwertgerechte Notation wiederholen. 4 Aufgaben ggf. mit Rechengeld lösen. Mathematische Fragen entwickeln und besprechen. Auf Formulierungen *zusammen, mehr als, doppelt so viel* besonders eingehen.

■ (K, D) → Arbeitsheft, Seite 27 → Förderheft, Seite 41

○ **6** Wie halbieren die Kinder 156? Beschreibt.

Die Hälfte von 156

$$100 = 50 + 50$$
$$50 = 25 + 25$$
$$6 = 3 + 3$$
$$156 = 78 + 78$$

Die Hälfte von 156:
$$50 + 25 + 3 = 78$$

Ich rechne mit Geld und wechsle um.

Ich zerlege: Die Hälfte von 100 ist 50, die Hälfte von 50 ist 25, die Hälfte von 6 ist 3.

Metin   Mila

○ **7** Halbiere. Wie rechnest du? Beschreibe und erkläre deinen Rechenweg.

   a) 624   b) 246   c) 352   d) 568   e) 190

○ **8** Halbieren.

a) 438
  —
  400
   30
    8

8 a)	438 = 219 + 219
	400 = 200 + 200
	30 = 15 + 15
	8 = 4 + 4

b) 248
  —
  200
   40
    8

c) 556
  —
  500
   50
    6

d) 766
  —
  700
   60
    6

e) Wähle eigene Zahlen.

● **9** a) Marie hat 436 € auf ihrem Sparkonto. Ihr Bruder Till hat **halb so viel** Geld wie Marie. ?

b) Max hat 256 €. Er hat **halb so viel** Geld wie Paula. ?

c) Lisa hat 60 € weniger als Kim. Sie hat **halb so viel** Geld wie Kim. ?

d) Marta und Ina haben zusammen 770 €. Beide haben **gleich viel** Geld. ?

e) Erfindet weitere Rechengeschichten zum Halbieren.

○ **10** ⚡ Halbieren im Tausender

870

Die Hälfte ist 435.

Zehnerzahl bis 1000 nennen, legen oder zeichnen und halbieren.

$$800 = 400 + 400 \text{ und}$$
$$70 = 35 + 35$$

$$400 + 400 \text{ und}$$
$$35 + 35$$

$$800 : 2 = 400 \text{ und}$$
$$70 : 2 = 35$$

6–8 Lösungswege selbst entwickeln und besprechen. Mit Material legen, zeichnen und rechnen. Stellenwertgerechte Notation wiederholen. 9 Aufgaben evtl. mit Rechengeld lösen. Mathematische Fragen entwickeln und besprechen. Auf Formulierungen *zusammen, weniger als, halb so viel* besonders eingehen.

 49

■ ■ (M, D) → Arbeitsheft, Seite 27 → Förderheft, Seite 41

Rechenwege bei der Addition

○ **1** Wie rechnet ihr 214 + 357? Findet verschiedene Rechenwege. Beschreibt.

214 + 357

Hunderter, Zehner und Einer extra

Schrittweise

Hilfsaufgabe

Max

2	1	4	+	3	5	7	=	5	7	1
2	1	4	+	3	0	0	=	5	1	4
5	1	4	+		5	0	=	5	6	4
5	6	4	+			7	=	5	7	1

Marta

214 + 357 = 571

200 + 300 = 500
10 + 50 = 60
 4 +   7 = 11

500 + 60 + 11 = 571

Noah

360
214   571 574
3

Finn

214 + 357 = 571
 ↓−3   ↓+3
211 + 360 = 571

◐ **2** Rechnet geschickt.

a) Wie rechnet ihr? Beschreibt und erklärt eure Rechenwege.

345 + 234

2 a)

	3	4	5	+	2	3	4	=	5	7	9
S	3	4	5	+	2	0	0	=	5	4	5
	5	4	5	+		3	0	=	5	7	5
	5	7	5	+			4	=	5	7	9

634 + 186   279 + 119   563 + 377

427 + 323   119 + 79   756 + 176

645 + 134   304 + 405   378 + 249

b) Vergleicht und ordnet die Aufgaben nach den Rechenwegen.

Hunderter, Zehner und Einer extra   **Schrittweise**   **Hilfsaufgabe**

So kannst du deinen Rechenweg **beschreiben** und **erklären**:

mit **Zahlen**   mit **Zahlbildern** oder   mit **Wörtern** oder
                                  am **Rechenstrich**   mit **Abkürzungen**

153 + 219 = 372
100 + 200 = 300
 50 + 10 = 60   220   HZE, S, H
  3 +   9 = 12   1
                                  153   372 373
300 + 60 + 12 = 372

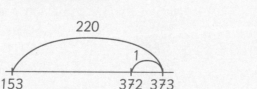

1, 2 Aufgabe auf eigenen Wegen rechnen und vergleichen, dabei an vorhandene Rechenstrategien anknüpfen und im Tausenderraum anwenden.

■ (K, D) → Arbeitsheft, Seite 28 → Förderheft, Seiten 42–44

○ **3** **H**underter, **Z**ehner und **E**iner extra.

Rechne und schreibe deinen Rechenweg wie Marta.

a) 367 + 232   b) 376 + 248

c) 479 + 358   d) 691 + 198

e) Finde weitere Aufgaben, die du mit dem
Rechenweg HZE rechnest.

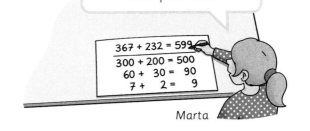

Hunderter plus Hunderter,
Zehner plus Zehner,
Einer plus Einer.

367 + 232 = 599
300 + 200 = 500
60 + 30 = 90
7 + 2 = 9

Marta

○ **4** **S**chrittweise.

Rechne und schreibe den Rechenweg wie Max.

a) 345 + 223   b) 743 + 219

c) 634 + 186   d) 563 + 377

e) Finde weitere Aufgaben, die du mit dem
Rechenweg S rechnest.

Ich addiere erst die Hunderter,
dann die Zehner, dann die Einer.

345 + 223 = 568
345 + 200 = 545
545 + 20 = 565
565 + 3 = 568

Max

○ **5** **H**ilfsaufgaben.

Rechne und schreibe den Rechenweg wie Anton.

a) 126 + 298   b) 223 + 179

c) 344 + 493   d) 201 + 597

e) Finde eigene Aufgaben, die du mit dem
Rechenweg H rechnest.

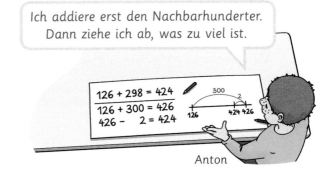

Ich addiere erst den Nachbarhunderter.
Dann ziehe ich ab, was zu viel ist.

126 + 298 = 424
126 + 300 = 426
426 - 2 = 424

Anton

◐ **6** Schöne Päckchen. Setze das Muster fort. Beschreibe und erkläre.

a) 368 + 392   b) 338 + 322
   370 + 390   340 + 320
   372 + 388   342 + 318

c) 499 + 411   d) 147 + 733
   500 + 410   150 + 730
   501 + 409   153 + 727

6 a)							Wenn die 1. Zahl
3 6 8	+	3 9 2	=	7 6 0			um 2 größer wird
3 7 0	+	3 9 0	=	7 6 0			und die 2. Zahl
3 7 2	+	3 8 8	=	7 6 0			um zwei kleiner
3 7 4	+	3 8 6	=	7 6 0			wird, dann bleibt
↓		↓		↓			die Summe ...
+ 2		− 2					

● **7** Die Kinder haben eine Plusaufgabe gerechnet. Die Summe ist 225.

a) Till erhöht die 1. Zahl um 80 und die 2. Zahl um 20. Wie ändert sich die Summe?

b) Marta erhöht die 1. Zahl um 40 und die 2. Zahl um 15. Wie ändert sich die Summe?

c) Leo erhöht die 1. Zahl um 28. Wie muss Leo die 2. Zahl verändern, damit sich
die Summe um 100 erhöht?

---

3 Strategie *Hunderter, Zehner, Einer extra* im Tausenderraum thematisieren.   **4, 5** Strategien *Schrittweise* und *Hilfsaufgabe*
auf den Tausenderraum übertragen und vertiefen.   **6** Regelmäßigkeiten auch mit Forschermitteln begründen.   **7** Strukturen in Rätselform erkennen und nutzen.

51

■ (P, K, D)   → Arbeitsheft, Seite 28   → Förderheft, Seiten 42 – 44

Rechenwege bei der Subtraktion

○ 1 Wie rechnet ihr 452 − 197? Findet verschiedene Rechenwege.

452 − 197

Hunderter, Zehner und Einer extra

Schrittweise abziehen

Hilfsaufgabe

Ergänzen

Finn
$$452 - 197 = 255$$
$$\downarrow +3 \qquad \downarrow +3$$
$$455 - 200 = 255$$

Noah
200
3
252 255   452

Marta
$$452 - 197 = 255$$
$$400 - 100 = 300$$
$$50 - 90 = -40$$
$$2 - 7 = -5$$
$$300 - 40 - 5 = 255$$

Max
$$452 - 197 = 255$$
$$452 - 100 = 352$$
$$352 - 90 = 262$$
$$262 - 7 = 255$$

Leo
$$197 + 255 = 452$$
5   50   200
197 202   252   452

◐ 2 Rechnet geschickt.

a) Wie rechnet ihr? Beschreibt und erklärt eure Rechenwege.

| 548 − 298 | 587 − 258 | 542 − 134 | 763 − 478 |

| 367 − 232 | 773 − 316 | 737 − 154 | 417 − 224 |

b) Vergleicht und ordnet die Aufgaben nach den Rechenwegen.

Hunderter, Zehner und Einer extra   Ergänzen

Schrittweise abziehen   Hilfsaufgabe

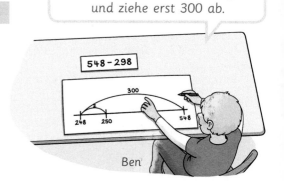

Ich rechne mit einer Hilfsaufgabe und ziehe erst 300 ab.

548 − 298

300

248   250   548

Ben

○ 3 Hunderter, Zehner, Einer extra.

Rechne und schreibe den Rechenweg wie Mila.

a) 734 − 253   b) 642 − 122   c) 453 − 271

d) 842 − 231   e) 735 − 524   f) 936 − 156

3 a) Mila
$$734 - 253 = 481$$
$$700 - 200 = 500$$
$$30 - 50 = -20$$
$$4 - 3 = 1$$

1, 2 Aufgabe auf eigenen Wegen rechnen und Rechenwege vergleichen. **3** Strategie *Hunderter, Zehner, Einer extra* anknüpfend an den Hunderterraum im Tausenderraum vertiefen.

■ (K, D) → Arbeitsheft, Seite 29 → Förderheft, Seiten 45 – 47

○ **4** **S**chrittweise abziehen.

Rechne und schreibe den Rechenweg wie Eric.

a) 723 – 154   b) 531 – 253   c) 578 – 135

d) 739 – 451   e) 552 – 314   f) 498 – 264

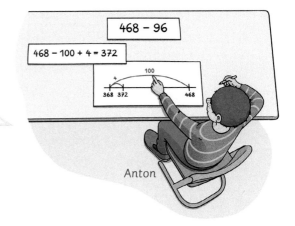

4 a) Eric	7 2 3 – 1 5 4 = 5 6 9
	7 2 3 – 1 0 0 = 6 2 3
	6 2 3 – 5 0 = 5 7 3
	5 7 3 – 4 = 5 6 9

○ **5** **H**ilfsaufgaben.

Rechne und schreibe den Rechenweg wie Anton.

a) 468 – 96

b) 994 – 96

c) 379 – 188

d) 379 – 198

> Ich subtrahiere erst den Nachbarhunderter. Dann addiere ich wieder, was ich zu viel weggenommen habe.

468 – 96

468 – 100 + 4 = 372

Anton

◒ **6** Rechnen mit **H**ilfsaufgaben.

a) Wähle Aufgaben aus, die du gut mit einer Hilfsaufgabe rechnen kannst.

463 – 157	467 – 395	967 – 376	288 – 189
714 – 97	635 – 325	827 – 119	835 – 154

b) Finde weitere Aufgaben, die du mit Hilfsaufgaben rechnest.

✳ **7** Zahlenrätsel. Wie heißt die Startzahl?

◉◉ a) Ich rechne schrittweise.
Erst 300 zurück, dann 20 zurück und dann 4 zurück. Ich erhalte 235.

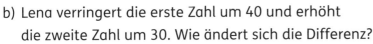

b) Ich rechne schrittweise.
Erst 7 zurück, dann 40 zurück und dann 200 zurück. Ich erhalte 519.

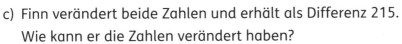

c) Ich rechne mit einer Hilfsaufgabe. Erst 300 zurück, dann 2 vor. Ich erhalte 439.

d) Ich rechne mit einer Hilfsaufgabe. Erst 260 zurück, dann 3 vor. Ich erhalte 213.

e) Findet Zahlenrätsel.

● **8** Die Kinder haben eine Minusaufgabe gerechnet. Die Differenz ist 115.

◉◉ a) Murat erhöht die erste Zahl um 60 und die zweite Zahl um 30. Wie ändert sich die Differenz?

b) Lena verringert die erste Zahl um 40 und erhöht die zweite Zahl um 30. Wie ändert sich die Differenz?

c) Finn verändert beide Zahlen und erhält als Differenz 215. Wie kann er die Zahlen verändert haben?

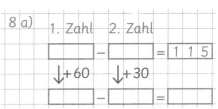

4–6 Strategien *Schrittweise abziehen* und *Hilfsaufgabe* im Tausenderraum vertiefen. **7** Rechenstrich als Darstellungsmittel zum Problemlösen besprechen. **8** Strukturen in Rätselform erkennen und nutzen.

53

■ (P, K, D) → Arbeitsheft, Seite 29 → Förderheft, Seiten 45–47

Abziehen und Ergänzen

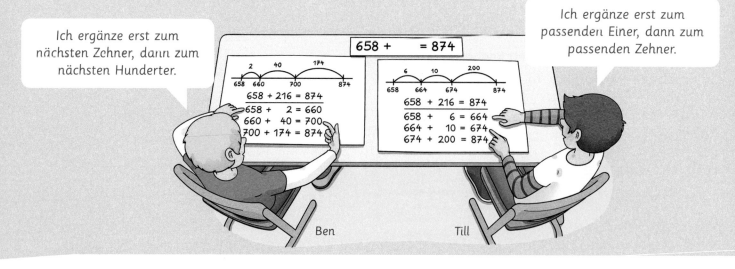

Ich ergänze erst zum nächsten Zehner, dann zum nächsten Hunderter.

Ich ergänze erst zum passenden Einer, dann zum passenden Zehner.

$658 + \underline{} = 874$

$658 + 216 = 874$
$658 + 2 = 660$
$660 + 40 = 700$
$700 + 174 = 874$

$658 + 216 = 874$
$658 + 6 = 664$
$664 + 10 = 674$
$674 + 200 = 874$

Ben · Till

1 Ergänze schrittweise. Rechne und schreibe wie Ben oder wie Till.

a) $658 + \underline{} = 874$ b) $346 + \underline{} = 573$ c) $417 + \underline{} = 451$ d) $224 + \underline{} = 363$

e) $745 + \underline{} = 981$ f) $529 + \underline{} = 551$ g) $847 + \underline{} = 981$ h) $132 + \underline{} = 371$

2 Geschicktes Ergänzen. Findet Aufgaben zu den Rechenwegen.

Ich ergänze erst 3 zum nächsten Zehner und dann noch 174.

Eric

Metin

Ich ergänze erst 25 zum nächsten Hunderter und dann noch 17.

Ich ergänze erst 140, dann noch 2.

Mila

Ich zeichne am Rechenstrich. Erst plus 5, dann plus 20, dann plus 100.

Erst 7 zum nächsten Hunderter, dann noch 151.

Noah

Eva

3 ⚡ Ergänzen bis 1000

Zahl legen, nennen und bis 1000 ergänzen.

18 bis 300 und 700 bis 1000.

$282 + 718$

1 Einfache Ergänzungsaufgaben lösen, an den Zusammenhang von Additions- und Subtraktionsaufgaben erinnern.
2 Lösungswege besprechen und an die vorhandenen Strategien aus dem Hunderterraum anknüpfen.

■ (K, A, D) → Arbeitsheft, Seite 30 → Förderheft, Seite 48

○ **4** Ergänze im Kopf.

  a) $379 + \underline{} = 380$ b) $260 + \underline{} = 300$ c) $498 + \underline{} = 505$ d) $675 + \underline{} = 705$

     $379 + \underline{} = 400$ $260 + \underline{} = 305$ $498 + \underline{} = 515$ $678 + \underline{} = 705$

● **5** Berechne die fehlenden Steine der Zahlenmauer.

  a)

900	
875	
867	

  5 a)

9 0 0		
8 7 5	2 5	
8 6 7		

  b)

630	
427	
318	

  c)

350	
342	
337	

  d)

750	
448	
298	

● **6** Schöne Päckchen.

  Beschreibe und erkläre. Setze fort.

  a) $599 + \underline{} = 600$ b) $431 + \underline{} = 550$

      $588 + \underline{} = 600$ $443 + \underline{} = 550$

      $577 + \underline{} = 600$ $455 + \underline{} = 550$

      $566 + \underline{} = 600$ $467 + \underline{} = 550$

      $555 + \underline{} = 600$ $479 + \underline{} = 550$

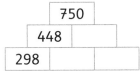

$599 + 1 = 600$
$588 + 12 = 600$

Leo

Die erste Zahl wird immer um 11 kleiner, also ergänze ich …

● **7** Wie rechnet ihr die Aufgabe $876 - 358$? Beschreibt.

Findet verschiedene Rechenwege.

Ich ziehe schrittweise ab, zuerst die Einer.

Ich ergänze zuerst zum passenden Einer.

Ergänzen oder Abziehen

$876 - 358$

358 ist nah an 360. Ich rechne eine Hilfsaufgabe.

Ben   Anna   Kim

● **8** Wie rechnet ihr? Beschreibt und erklärt eure Rechenwege.

  a) $702 - 689$ b) $735 - 496$ c) $805 - 779$ d) $703 - 595$

     $476 - 467$ $601 - 317$ $649 - 312$ $691 - 356$

4–8 Das Ergänzen als sinnvolle Strategie (u. a. bei Zahlen mit kleinem Unterschied) vertiefen.

55

■ (K, D) → Arbeitsheft, Seite 30 → Förderheft, Seite 48

Ich kann Additions- und Subtraktionsaufgaben erkennen und rechnen.
Ich kann Rechenwege für Additions- und Subtraktionsaufgaben finden und notieren:
Hunderter, **Z**ehner, **E**iner   **S**chrittweise   **H**ilfsaufgabe   **E**rgänzen

○ **1** Beginne immer mit einer einfachen Aufgabe. Kreuze sie an und vergleiche.

a) 126 + 99	b) 468 + 201	c) 964 − 298	d) 541 − 237	e) 810 − 210
126 + 100	468 + 199	964 − 303	540 − 240	810 − 219
126 + 110	468 + 200	964 − 300	539 − 243	810 − 229

○ **2** a) Verdopple. Zeichne und rechne.

350   433   368   178   346

b) Halbiere. Zeichne und rechne.

344   574   412   688   842

○ **3** Wie rechnest du? Beschreibe und erkläre deinen Rechenweg.

a) 603 + 286	b) 673 + 201	c) 567 + 345	d) 422 + 219
402 + 274	531 + 107	468 + 123	402 + 347

○ **4** Wie rechnest du? Beschreibe und erkläre deinen Rechenweg.

a) 764 − 301	b) 630 − 451	c) 762 − 301	d) 465 − 345
549 − 361	598 − 432	650 − 442	525 − 289

○ **5** Rechne mit einer Hilfsaufgabe.

a) 127 + 195	b) 246 + 389	c) 967 − 397	d) 782 − 583
199 + 478	198 + 332	436 − 295	674 − 376

○ **6** Ergänze und zeichne am Rechenstrich.

a) 465 − 433	b) 796 − 699	c) 734 − 689	d) 516 − 422
568 − 523	688 − 589	605 − 567	704 − 599

○ **7** ⚡ Übt immer wieder.

✐✐ Einfache Additionsaufgaben (Seite 47)	Einfache Subtraktionsaufgaben (Seite 47)
☐ Verdoppeln im Tausender (Seite 48)	Halbieren im Tausender (Seite 49)
Ergänzen bis 1000 (Seite 54)	

Forschen und Finden: Zahlenpaare am Tausenderbuch

Ich addiere zwei untereinander stehende Zahlen.
232 + 242

Ich addiere zwei nebeneinander stehende Zahlen.
278 + 279

201	202	203	204	205	206	207	208	209	210
211	212	213	214	215	216	217	218	219	220
221	222	223	224	225	226	227	228	229	230
231	232	233	234	235	236	237	238	239	240
241	242	243	244	245	246	247	248	249	250
251	252	253	254	255	256	257	258	259	260
261	262	263	264	265	266	267	268	269	270
271	272	273	274	275	276	277	278	279	280
281	282	283	284	285	286	287	288	289	290
291	292	293	294	295	296	297	298	299	300

Anton

Paula

1 Addiert immer zwei untereinander stehende Zahlen. Vergleicht die Summen.

a)
232	233	234
242	243	244

b)
203	213	223
213	223	233

c)
205	216	227
215	226	237

d) Kann man die Summen immer halbieren? Erklärt.

2 Addiert immer zwei nebeneinander stehende Zahlen. Vergleicht die Summen.

a)
202	203		203	204		204	205

b)
231	232		241	242		251	252

c) Kann man die Summen immer halbieren? Erklärt.

3 a) Findet zwei nebeneinander stehende Zahlen mit der Summe 527 (531, 535, 539).

b) Findet zwei untereinander stehende Zahlen mit der Summe 510 (506, 502, 498).

c) Findet Zahlenpaare mit der Summe zwischen 420 und 470. Wie geht ihr vor? Erklärt.

4 Addiert immer zwei Zahlen über Kreuz. Was fällt euch auf? Begründet.

a)

4 a)		2	3	2	+	2	4	3	=	4	7	5
			2	4	2	+	2	3	3	=		

b)
234	235
244	245

c)
289	290
299	300

d) Wählt weitere Quadrate und addiert über Kreuz.

Begriffe „untereinander stehend" und „nebeneinander stehend" klären.   **1–3** Beziehungen zu benachbarten Zahlenpaaren entdecken und erklären.   **4** Beziehungen und operative Veränderungen in Zahlenquadraten entdecken und begründen.

57

(P, K, A) → Arbeitsheft, Seite 32 → Förderheft, Seite 50

Formen aus Quadraten

Ein Quadrat ist ein Rechteck mit vier gleich langen Seiten.

✲ 1 Formen aus Quadraten. Wie viele Zwillinge, Drillinge und Vierlinge findet ihr?
Ordnet und zeichnet auf.

2 Rechtecke aus Formen.
Legt und zeichnet mit den Formen Rechtecke.
Benutzt möglichst viele Drillinge und Vierlinge.

a) 3·5 Rechtecke

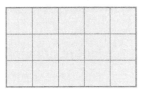

b) 4·4 Rechtecke

c) 4·5 Rechtecke

d) Legt eigene Rechtecke.

1 Thematisieren, dass es nur einen Zwilling und zwei Drillinge, aber sicher mehr Vierlinge gibt. Strategien zum Finden gemeinsam reflektieren.   2 Rechtecke auslegen und zeichnen (KV). Verschiedene Lösungen sammeln.

■ (K, D) → Arbeitsheft, Seite 33 → Förderheft, Seite 51

3 Aus Vierlingen macht Fünflinge. Wo könnt ihr Quadrate anlegen?
Zeichnet.

3)

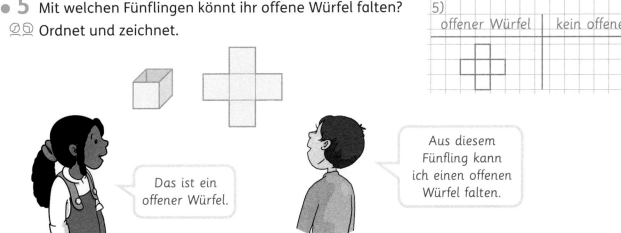

Ich lege das Quadrat rechts an den Vierling.

Hier können wir das Quadrat auch anlegen.

Wir müssen aufpassen, dass keine Fünflinge doppelt vorkommen.

Murat   Kim   Eva

4 Rechtecke aus Fünflingen. Legt und zeichnet ...

a) ... 4 · 5 Rechtecke.

b) ... 3 · 10 Rechtecke.

c) ... eigene Rechtecke.

d) Könnt ihr mit den Fünflingen ein 4 · 6 Rechteck legen? Begründet.

5 Mit welchen Fünflingen könnt ihr offene Würfel falten?
Ordnet und zeichnet.

5)

offener Würfel	kein offener Würfel

Das ist ein offener Würfel.

Aus diesem Fünfling kann ich einen offenen Würfel falten.

Esra   Eric

3 Fünflinge finden, Strategien besprechen.   4 Rechtecke mit Fünflingen auslegen. Verschiedene Lösungen sammeln.
Erklären, warum sich manche Rechtecke nicht legen lassen.   5 Schachtelfünflinge finden.

(P, K, A, D)   → Arbeitsheft, Seite 33   → Förderheft, Seite 51

Würfelnetze

Die Vierlinge helfen mir, Würfelnetze zu finden.

Diesen Sechsling kann ich zu einem Würfel falten.

Metin

Ich zeichne ein Würfelnetz.

Paula

Ben

Würfelnetze sind Sechslinge, mit denen du einen Würfel falten kannst.

✳ **1** Aus Vierlingen macht Sechslinge.

a)

b) Welche Sechslinge sind Würfelnetze?
Findet alle Würfelnetze.

1 a)

2 a) Welche Sechslinge sind keine Würfelnetze? Erklärt.

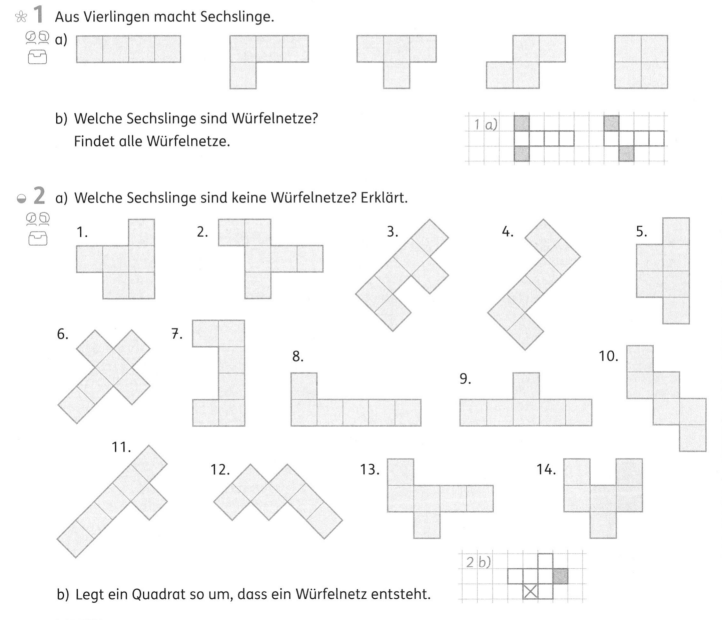

1. 2. 3. 4. 5.

6. 7. 8. 9. 10.

11. 12. 13. 14.

2 b)

b) Legt ein Quadrat so um, dass ein Würfelnetz entsteht.

1 Ausgehend von den Vierlingen Würfelnetze finden. Gemeinsam alle sammeln. Besprechen, wie sich ein Würfelnetz zu einem Würfel zusammenfalten lässt. Alternativ aus den Fünflingen von Seite 59 Würfelnetze finden lassen. **2** Gründe sammeln, welche Sechslinge keine Würfelnetze sind. Verschiedene Möglichkeiten der Korrektur besprechen.

■ (P, K, D) → Arbeitsheft, Seite 34

3 Zeichne das Würfelnetz ab. Markiere gegenüberliegende Flächen mit derselben Farbe.

a)

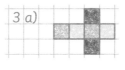

b)
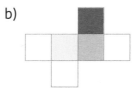

c)
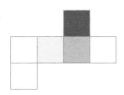

d)

e)
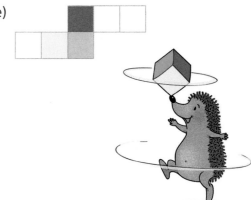

f)
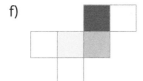

g)
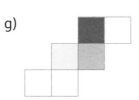

h) Zeichne Würfelnetze. Markiere gegenüberliegende Flächen mit derselben Farbe.

Die Summe der gegenüber liegenden Augenzahlen ergibt beim Spielwürfel immer 7.

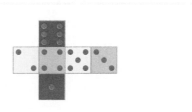

 4 Ergänze die Augenzahlen wie auf einem richtigen Spielwürfel.

a)
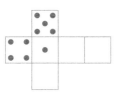
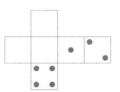

Diese Fläche liegt gegenüber der 1. Dann muss dort die 6 stehen.

Anna

b)
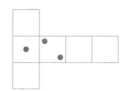
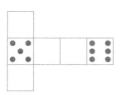

c) Finde verschiedene Möglichkeiten.

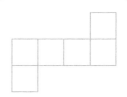
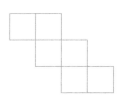

d) Finde Netze von Spielwürfeln.

3 Gegenüberliegende Würfelflächen in der gleichen Farbe markieren. Aufgabe evtl. mit Material (z. B. mit Quadraten und Klebeband) lösen lassen.   **4** Fehlende Augenzahlen ergänzen. Hierzu evtl. Material hinzuziehen. In c) und d) verschiedene Möglichkeiten finden, aus einem Würfelnetz ein Spielwürfelnetz zu machen.

■ (P, K, D) → Arbeitsheft, Seite 34

Multiplikation und Division

Wir zerlegen 6 · 18 mit dem Malkreuz.

mit 10 ist einfach.

6 · 18

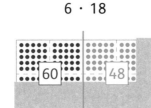

Dann addieren wir die beiden Produkte, 60 + 48 = 108.

·	10	8
6	60	48

108

$6 \cdot 18 = 60 + 48$

$6 \cdot 10 = 60$
$6 \cdot 8 = 48$

Sophie

Till

Das Ergebnis einer **Multiplikation** heißt **Produkt**.

---

1 Zerlege am Punktefeld und rechne mit dem Malkreuz.

a)

3 · 17

·	10	7
3	30	

b)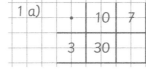

5 · 17

c)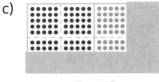

7 · 15

d)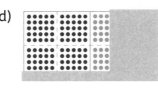

9 · 13

e)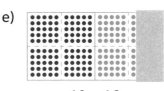

10 · 16

f) Wähle weitere Malaufgaben und zerlege.

2 Rechnet mit dem Malkreuz.
👥 Vergleicht. Was fällt euch auf?

a) 7 · 6
7 · 12

b) 9 · 9
9 · 18

c) 6 · 7
6 · 14

d) 5 · 8
5 · 16

e) 8 · 6
8 · 12

f) 4 · __
4 · __

7 · 12 ist das Doppelte von 7 · 6.

Ich kann 7 · 12 auch so zerlegen.

Ina

Kim

---

1 Malaufgaben am 200er-Feld (z. B. abgedecktes Tausenderbuch oder KV) mit Malwinkel in einfache Malaufgaben zerlegen (z. B. mit Strohhalm oder Stift) und am Malkreuz darstellen (Zerlegungen mit 10), kleines Einmaleins wiederholen und vertiefen.   **2** Verdopplungsbeziehungen erkennen und am Malkreuz darstellen (alternative Zerlegungen).

■ (K, D) → Arbeitsheft, Seite 35 → Förderheft, Seiten 52, 53

Malaufgaben zerlegen

3

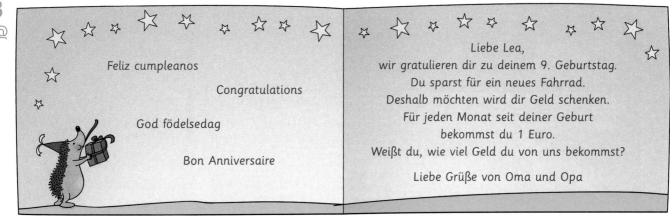

Feliz cumpleanos

Congratulations

God födelsedag

Bon Anniversaire

Liebe Lea,
wir gratulieren dir zu deinem 9. Geburtstag.
Du sparst für ein neues Fahrrad.
Deshalb möchten wird dir Geld schenken.
Für jeden Monat seit deiner Geburt
bekommst du 1 Euro.
Weißt du, wie viel Geld du von uns bekommst?

Liebe Grüße von Oma und Opa

a) Wie rechnen die Kinder? Beschreibt.

b) Mia feiert ihren 8. Geburtstag. Wie viele Monate ist sie alt?

c) Wie viele Monate bist du alt?

4 Wie rechnest du?

    a) 5 · 13   b) 8 · 12   c) 4 · 19   d) 14 · 7   e) 19 · 5

5 Rechne mit dem Malkreuz.

a)

·	10	4
4		

b)

·	10	6
6		

c)

·	10	8
8		

d)

·	10	7
7		

6 Rechne geschickt. Erkläre.

    a) 10 · 16   b) 10 · 14   c) 10 · 13   d) 10 · 15   e) 10 · __

       9 · 16   9 · 14   9 · 13   9 · 15   9 · __

3 Sachkontext gemeinsam lesen, passende Aufgaben finden und erläutern. In Partnerarbeit oder gemeinsam Wege vergleichen und besprechen. **4, 5** Rechenwege erproben und darstellen (mit Malkreuz, Rechenstrich oder als Rechnung).
6 Geschicktes Ableiten von der einfachen Malaufgabe mit 10 erkunden und nutzen.

■ (K, A, M, D) → Arbeitsheft, Seite 36

63

Das Zehnereinmaleins

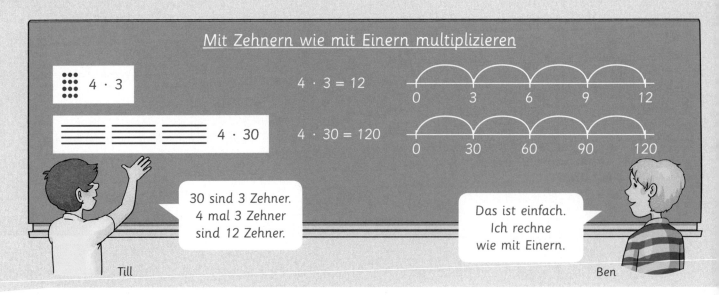

Mit Zehnern wie mit Einern multiplizieren

4 · 3

4 · 30

4 · 3 = 12

4 · 30 = 120

30 sind 3 Zehner.
4 mal 3 Zehner
sind 12 Zehner.

Das ist einfach.
Ich rechne
wie mit Einern.

Till

Ben

○ **1** Multipliziere mit Einern und Zehnern.

a) 5 · 3  5 · 30

1 a)	5	·		3	=		1	5
	5	·	3	0	=	1	5	0

b) 2 · 4 ▱▱▱▱ 2 · 40

c) 3 · 3 ▱▱▱ 3 · 30

d) 4 · 5 ▱▱▱▱▱ 4 · 50

○ **2** Rechne immer erst die kleine Malaufgabe.

a) 7 · 9
7 · 90

2 a)	7	·		9	=		6	3
	7	·	9	0	=	6	3	0

b) 6 · 5
6 · 50

c) 3 · 8
3 · 80

d) 4 · 2
4 · 20

e) 9 · 9
9 · 90

f) 5 · 3
50 · 3

g) 7 · 6
70 · 6

h) 8 · 7
80 · 7

i) 8 · 8
8 · 80

◐ **3** Schöne Päckchen.

a) 2 · 50
4 · 50
6 · 50

b) 2 · 70
4 · 70
6 · 70

c) 3 · 40
6 · 40
9 · 40

d) 3 · 80
6 · 80
9 · 80

e) 6 · 30
8 · 30
10 · 30

f) 6 · __
8 · __
10 · __

◐ **4** 60 Minuten sind 1 Stunde.

a) Wie viele Minuten sind 2 (3, 4 ...) Stunden?

b) Wie viele Minuten sind 1 Tag?

4 a)	Stunden		1		2		3		4
	Minuten		6 0						

64

1–4 Mit Zehnerzahlen multiplizieren. Mit Zehnern rechnen wie mit Einern. Malaufgaben zueinander in Beziehung setzen und das Zehnereinmaleins lernen (ggf. passende Bilder zeichnen).

■ (K, A, M, D) → Arbeitsheft, Seite 37 → Förderheft, Seiten 54, 55

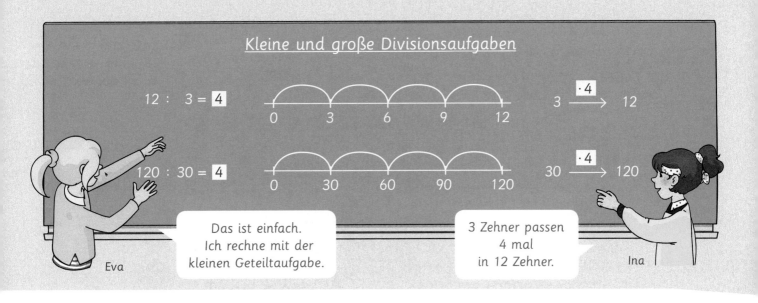

Kleine und große Divisionsaufgaben

12 : 3 = **4**

120 : 30 = **4**

Das ist einfach. Ich rechne mit der kleinen Geteiltaufgabe. — Eva

3 Zehner passen 4 mal in 12 Zehner. — Ina

○ **5** Denke an die kleine Geteiltaufgabe.

a) 120 : 40	b) 180 : 60	c) 400 : 80	d) 200 : 50	e) 420 : 70	f) 240 : 60
120 : 60	180 : 90	400 : 40	200 : 20	420 : 60	240 : 80

○ **6** Rechne und vergleiche.

a) 27 : 9
   270 : 9

b) 15 : 3
   150 : 3

c) 21 : 7
   210 : 7

d) 35 : 7
   350 : 7

e) 48 : 8
   480 : 8

f) 50 : 10
   500 : 10

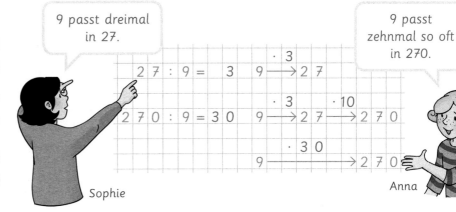

9 passt dreimal in 27. — Sophie

9 passt zehnmal so oft in 270. — Anna

$27 : 9 = 3 \qquad 9 \xrightarrow{\cdot 3} 27$

$270 : 9 = 30 \qquad 9 \xrightarrow{\cdot 3} 27 \xrightarrow{\cdot 10} 270$

$9 \xrightarrow{\cdot 30} 270$

● **7** Rechne und vergleiche.

a) 120 : 3
   120 : 4

b) 140 : 7
   140 : 2

c) 240 : 8
   240 : 3

d) 540 : 6
   540 : 9

e) 320 : 8
   320 : 4

f) Finde weitere Aufgabenpaare.

● **8** Rechengeschichten.

a) 8 Kinder kaufen gemeinsam ein Geschenk für 48 €. ?

b) 6 Eintrittskarten für ein Fußballspiel kosten 180 €. ?

c) 360 Kinder einer Schule fahren ins Theater. In jeden Bus passen 60 Kinder. ?

d) Finde Rechengeschichten. ?

● **9** 7 Tage sind 1 Woche. Wie viele Wochen sind 70 (140, 210 ...) Tage?

9)	Wochen		1			
	Tage		7		70	

5–9 Zehnerzahlen dividieren. Divisionsaufgaben untereinander in Beziehung setzen, Zusammenhänge zur Multiplikation erkennen und nutzen. Zur Grundlegung und zum weiteren regelmäßigen Üben Zehnereinmaleins sichern.

65

■ (K, A, M, D) → Arbeitsheft, Seite 37 → Förderheft, Seite 55

Die Zehnereinmaleins-Tafel

1 Beschreibt.

Die Tafel sieht fast so aus wie die Einmaleins-Tafel.

Eric

Die farbigen Aufgaben sind wie die Kern-aufgaben. Bei 4 · 50 denke ich an 4 · 5.

Lena

2 Rechne einfache Aufgaben. Denke immer an die Kernaufgaben aus dem Einmaleins.

$10 \cdot 30 = 300$

$2 \cdot 80 = 160$

3 Vergleiche die Aufgaben. Was fällt dir auf?

a) $4 \cdot 90$
   $5 \cdot 90$
   $6 \cdot 90$

b) $9 \cdot 30$
   $9 \cdot 40$
   $9 \cdot 50$

c) $5 \cdot 20$
   $4 \cdot 30$
   $3 \cdot 40$

d) $6 \cdot 30$
   $5 \cdot 40$
   $4 \cdot 50$

e) Finde weitere Wege auf der Maltafel.

4 Vergleiche die Aufgaben. Was fällt dir auf?

a) $5 \cdot 30$
   $3 \cdot 50$

b) $7 \cdot 40$
   $4 \cdot 70$

c) $8 \cdot 60$
   $6 \cdot 80$

d) $4 \cdot 50$
   $40 \cdot 5$

e) $3 \cdot 90$
   $30 \cdot 9$

f) $7 \cdot 60$
   $6 \cdot 70$

5 Finde Malaufgaben. Das Produkt ist immer …

a) … 240.

5 a)	2 4 0
	6 · 40
	3 · 80

b) … 120.

c) … 320.

d) … 400.

e) … 160.

f) … 200.

g) ___ .

6 Zehnereinmaleins

$4 \cdot 60$

Aufgabe zeigen und nennen,
Aufgabe und Umkehraufgaben rechnen.

$4 \cdot 60 = 240$
$240 : 4 = 60$
$240 : 60 = 4$

$4 \cdot 6 = 24$
$24 : 4 = 6$
$24 : 6 = 4$

Mit Zehnern multiplizieren wie mit Einern. **1** Zehnereinmaleins-Tafel erkunden. **2–4** Zusammenhänge zwischen den Aufgaben des Zehnereinmaleins erkunden und nutzen. Beziehungen zwischen Multiplikation und Division (Umkehraufgaben) vertiefen. **5** Aufgaben zu einer Ergebniszahl finden und Verständnis der Konstanzbeziehungen vertiefen.

■ (P, K) → Arbeitsheft, Seite 38

7 Beschreibt.

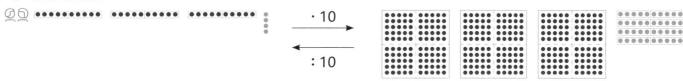

H	Z	E
	3	4

$34 \cdot 10 = 340$

$340 : 10 = 34$

H	Z	E
3	4	0

> Beim Malnehmen mit 10 werden alle Ziffern eine Stelle nach links verschoben.
> Beim Teilen durch 10 werden alle Ziffern eine Stelle nach rechts verschoben.

8 Rechne Aufgabe und Umkehraufgabe.

a) $24 \cdot 10$
$240 : 10$

b) $37 \cdot 10$
$370 : 10$

c) $46 \cdot 10$
$460 : 10$

d) $91 \cdot 10$
$910 : 10$

e) $57 \cdot 10$
$570 : 10$

f) Finde weitere Aufgabenpaare.

9 Vergleiche und rechne geschickt. Denke an das Verdoppeln und Halbieren.

a) $40 : 8$
$40 : 4$

b) $60 : 6$
$60 : 3$

c) $240 : 80$
$240 : 40$

d) $300 : 10$
$150 : 10$

e) Finde weitere
Aufgabenpaare.

10 Spielt: **Die höchste Summe gewinnt**.
Würfelt abwechselnd.
Entscheidet nach jedem Wurf,
mit welcher Zehnerzahl ihr rechnet.
Notiert immer die Produkte.
Wer die höchste Summe hat, gewinnt.

Mit einer 4 habe ich sicher gewonnen.

4 mal 50 gleich 200.

Ina

Noah

11 ⚡ Mal 10, durch 10

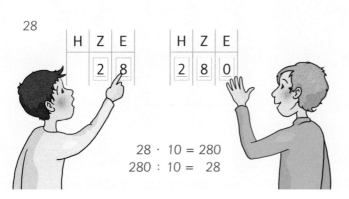

28

H	Z	E
	2	8

H	Z	E
2	8	0

$28 \cdot 10 = 280$
$280 : 10 = 28$

Zahl bis 100 legen und nennen.
Aufgabe und Umkehraufgabe legen und
rechnen.

> Beim Malnehmen mit 10
> werden alle Ziffern eine Stelle
> nach links, beim Teilen
> durch 10 eine Stelle nach
> rechts verschoben.

7, 8 Rechenregeln für mal 10, durch 10 erkunden und mit Zahlbildern begründen. Umkehraufgaben rechnen. **9** Beziehungen zwischen verwandten Aufgaben erkunden und ähnliche Aufgaben finden. **10** Im Spiel Vorstellungen über die Vielfachen von Zehnerzahlen gewinnen.

67

■ (P, K, D) → Arbeitsheft, Seite 38

Rechenwege bei der Multiplikation

1 Wie viele Stunden sind die Tierkinder alt?

a) Wie rechnen die Kinder? Beschreibt.

Welpen, 9 Tage

Max · Finn · Kim · Sophie

$9 \cdot 24 =$
$9 \cdot 20 = 180$
$9 \cdot 4 = 36$

·	20	4
9	180	36

$9 \cdot 24 =$
$10 \cdot 24 = 240$
$1 \cdot 24 = 24$

$9 \cdot 2 = 18$, also $9 \cdot 20 = 180$
und
$9 \cdot 4 = 36$

b) Wie rechnet ihr?

Fohlen, 5 Tage

Katzen, 2 Tage

Igel, 4 Tage

2 Ein Jahr hat ungefähr 52 Wochen. Wie viele Wochen haben ...

a) ... 2 Jahre?   b) ... 5 Jahre?   c) ... 10 Jahre?   d) Wie viele Wochen bist du alt?

3 Wie rechnest du?

a) $2 \cdot 49$ b) $5 \cdot 35$ c) $9 \cdot 21$ d) $8 \cdot 42$ e) $6 \cdot 55$ f) __ · __

4 Rechne mit dem Malkreuz.

a)
·	40	4
4		

b)
·	60	6
6		

c)
·	80	8
8		

d)
·	70	7
7		

5 Rechne geschickt. Erkläre.

a) $10 \cdot 27$ b) $6 \cdot 50$ c) $8 \cdot 20$ d) $10 \cdot 65$ e) Finde weitere
   $9 \cdot 27$ $6 \cdot 49$ $8 \cdot 19$ $9 \cdot 65$ Aufgabenpaare.

1, 2 Passende Aufgaben finden und erläutern, verschiedene Rechenwege vorstellen, besprechen und mit vorgegebenen Wegen vergleichen (z. B. Mathekonferenz). **3, 4** Rechenwege anwenden und sichern. **5** Hilfsaufgaben erkennen und nutzen.

■ (D, K, A, M) → Arbeitsheft, Seite 39 → Förderheft, Seiten 56, 57

○ **6** Multipliziere am Tausenderfeld. Zeige und beschreibe.

$2 \cdot 23$ $5 \cdot 23$ $10 \cdot 23$

 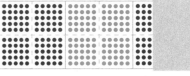

a)	$2 \cdot 23$	b)	$4 \cdot 35$	c)	$3 \cdot 32$	d)	$2 \cdot 51$	e)	$6 \cdot 25$	f)	$3 \cdot 99$
	$5 \cdot 23$		$5 \cdot 35$		$5 \cdot 32$		$4 \cdot 51$		$7 \cdot 25$		$6 \cdot 99$
	$10 \cdot 23$		$6 \cdot 35$		$7 \cdot 32$		$8 \cdot 51$		$8 \cdot 25$		$9 \cdot 99$

◖ **7** Schöne Päckchen. Was fällt euch auf? Beschreibt und erklärt.

a) $6 \cdot 13$
$6 \cdot 23$
$6 \cdot 33$
$6 \cdot 43$

7 a)

$6 \cdot 13 =$	60	$+ 18 =$	78	
$6 \cdot 23 =$	120	$+ 18 =$	138	Immer
$6 \cdot 33 =$	180	$+ 18 =$		60
$6 \cdot 43 =$	240	$+ 18 =$		mehr

$+ 60$ $+ 0$ $+ 60$

·	10	10	10	10	3
6	60	60	60	60	18

Ich sehe im Malkreuz.
alle vier Aufgaben.

Kim

b)	$3 \cdot 25$	c)	$5 \cdot 19$	d)	$4 \cdot 41$	e)	$7 \cdot \_\_$	f)	Findet weitere
	$3 \cdot 35$		$5 \cdot 29$		$4 \cdot 31$		$7 \cdot \_\_$		schöne Päckchen.
	$3 \cdot 45$		$5 \cdot 39$		$4 \cdot 21$		$7 \cdot \_\_$		
	$3 \cdot 55$		$5 \cdot 49$		$4 \cdot 11$		$7 \cdot \_\_$		

◖ **8** Addiert die Produkte. Was fällt euch auf?

a) $4 \cdot 31$
$6 \cdot 31$

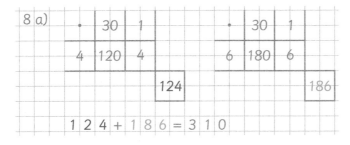

8 a)

·	30	1
4	120	4
	124	

·	30	1
6	180	6
		186

$124 + 186 = 310$

b)	$4 \cdot 35$	c)	$2 \cdot 28$	d)	$9 \cdot 16$	e)	$6 \cdot 47$	f)	Findet weitere
	$6 \cdot 35$		$8 \cdot 28$		$1 \cdot 16$		$4 \cdot 47$		Aufgabenpaare.

◖ **9** Addiert die Produkte. Was fällt euch auf?

a)	$2 \cdot 25$	b)	$5 \cdot 51$	c)	$6 \cdot 11$	d)	$8 \cdot 42$	e)	Findet weitere
	$2 \cdot 75$		$5 \cdot 49$		$6 \cdot 89$		$8 \cdot 58$		Aufgabenpaare.

6 Kernaufgaben des großen Einmaleins (2 mal, 5 mal, 10 mal) erkunden und sichern (Verdoppeln, Verzehnfachen, Halbieren des Zehnfachen). **7** Zusammenhänge zwischen den Reihen mit Forschermitteln beschreiben und erklären (z. B. anhand eines Malkreuzes). **8, 9** Multiplikative Zusammenhänge vertiefen und nutzen.

 69

■ (D, K, A) → Arbeitsheft, Seite 39

Ich kann Aufgaben des Zehnereinmaleins rechnen.
Ich kann große Mal- und Geteiltaufgaben zeigen, vergleichen und rechnen.

○ **1** Zerlege und rechne.

a) 6 · 14   b) 3 · 17   c) 5 · 18

○ **2** Mit Zehnern rechnen.

a)	b)	c)	d)	e)
5 · 10	30 · 10	6 · 100	4 · 10	70 · 10
50 · 10	10 · 30	60 · 10	40 · 10	7 · 100
500 : 10	300 : 3	600 : 10	40 : 10	700 : 100

○ **3** Rechne und vergleiche.

a)	b)	c)	d)	e)
4 · 6	5 · 3	7 · 2	9 · 4	6 · 8
4 · 16	5 · 13	7 · 12	9 · 14	6 · 18

○ **4** Rechne geschickt mit der kleinen Geteiltaufgabe.

a)	b)	c)	d)	e)
24 : 6	30 : 5	27 : 3	32 : 4	56 : 7
240 : 6	300 : 5	270 : 30	320 : 40	560 : 70

○ **5** Rechne und vergleiche.

a)	b)	c)	d)	e)
4 · 30	5 · 70	360 : 90	420 : 60	250 : 50
3 · 40	7 · 50	360 : 40	420 : 70	250 : 5

○ **6** Wie rechnest du?

a) 4 · 76   b) 6 · 48   c) 8 · 36   d) 7 · 39   e) 9 · 34

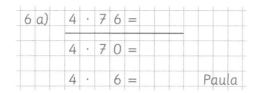 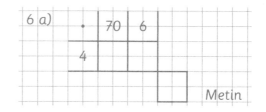

○ **7** ⚡ Übt immer wieder.

Zehnereinmaleins (Seite 66)   Mal 10, durch 10 (Seite 67)

  Wesentliche Aspekte des Kapitels noch einmal reflektieren.

■ → Arbeitsheft, Seite 40   → Förderheft, Seite 58

Forschen und Finden: Malkreuz

1

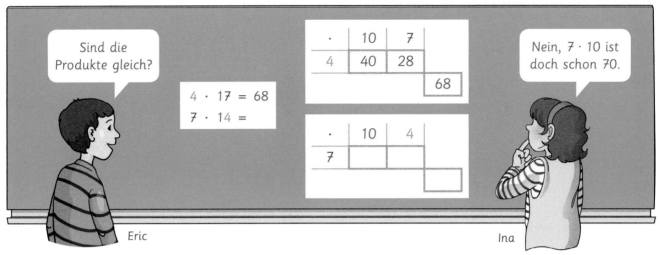

a) Rechnet die Aufgabenpaare mit dem Malkreuz. Was fällt euch auf?

2 · 16	5 · 13	9 · 16	2 · 18	6 · 17
6 · 12	3 · 15	6 · 19	8 · 12	7 · 16

b) Findet Aufgabenpaare.
Der Unterschied zwischen den
Produkten ist möglichst groß (klein).

c) Berechnet die Unterschiede zwischen den
Produkten. Welche Zahlen kommen vor?
Wie viele Aufgabenpaare gibt es zu jedem Unterschied?

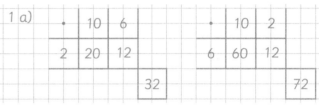

2 a) Immer 2 Zehner. Vergleicht die beiden Aufgaben. Was fällt euch auf?

4 · 27	5 · 23	9 · 26	2 · 28	6 · 27
7 · 24	3 · 25	6 · 29	8 · 22	7 · 26

b) Findet den größten und den kleinsten Unterschied zwischen den Produkten.
Was fällt euch auf? Erklärt.

3 Rechnet und vergleicht die Produkte. Erklärt.

a) 5 · 44   b) 3 · 66   c) 2 · 99
   4 · 55   6 · 33   9 · 22

d) 3 · 22   e) 5 · 88   f) 1 · 99
   2 · 33   8 · 55   9 · 11

❋ g) Findet weitere Aufgabenpaare.

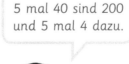

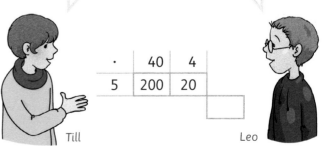

1 Differenzen zwischen den Produkten mit dem Malkreuz erkunden (die Differenz ist immer das Zehnfache des Unterschieds zwischen den Einern).   **2** Überlegungen auf größere Zehnerzahlen übertragen.   **3** Gleichheit der Produkte erkunden und am Malkreuz begründen.

■ (K, A, D)   → Arbeitsheft, Seite 41   → Förderheft, Seite 59

Überschlagsrechnen

○ **1** Stimmt das? Die Summe von 363 + 228 liegt zwischen 580 und 600. Erklärt.

Wir überschlagen.
Die Summe ist
kleiner als 600, denn
370 + 230 = 600.

Anna

Die Summe ist größer
als 580, denn
360 + 220 ist schon 580.

Finn

363 + 228 ist
ungefähr 590, denn
360 + 230 = 590.

Marta

Wie haben die Kinder mit den Nachbarzehnern gerechnet?

Einen Überschlag (Ü) kannst du benutzen,   = gleich
um ein Ergebnis ungefähr zu bestimmen oder zu überprüfen.   ≈ ungefähr gleich
Oft rechnet man mit Nachbarzehnern oder Nachbarhundertern.

○ **2** Rechne mit einem Überschlag.

a) 283 + 198
347 + 256
563 + 242
685 + 223
433 + 554

2 a)	2 8 3 + 1 9 8 ≈ 5 0 0	
Ü:	3 0 0 + 2 0 0 = 5 0 0	Max

2 a)	2 8 3 + 1 9 8 ≈ 4 8 0	
Ü:	2 8 0 + 2 0 0 = 4 8 0	Marta

b) 257 + 145
572 + 135
243 + 267
376 + 248
87 + 517

◑ **3** < oder >? Vergleiche mithilfe eines Überschlags.

a) 179 + 80 ● 250
123 + 121 ● 250
 98 + 153 ● 250
183 + 78 ● 250

b) 265 + 240 ● 500
412 + 84 ● 500
205 + 294 ● 500
137 + 380 ● 500

c) 431 + 329 ● 750
499 + 265 ● 750
396 + 355 ● 750
367 + 376 ● 750

d) 484 + 509 ● 1000
399 + 617 ● 1000
182 + 733 ● 1000
278 + 693 ● 1000

170 + 80 = 250,
also ist 179 + 80
größer als 250.

Anton

180 + 80 = 260.
Dann ist
179 + 80 größer
als 250.

Kim

◑ **4** Überschlage die Aufgaben und finde weitere Aufgaben. Das Ergebnis liegt zwischen ...

a) ... 300 und 399.   b) ... 400 und 499.   c) ... 500 und 599.

| 157 + 262 | 197 + 325 | 288 + 229 | 147 + 246 | 236 + 245 | 311 + 199 | 167 + 184 |

1–4 Prinzip des Überschlagrechnens besprechen und die verschiedenen Möglichkeiten herausarbeiten (Mathekonferenz).
Begriffe *Überschlag*, *Nachbarzehner* und *Nachbarhunderter* klären. Zeichen ≈ erläutern.

■ (K, D) → Arbeitsheft, Seite 42

5 Tills Schule plant einen Ausflug ins Theater.

a) Wie viele Personen nehmen am Ausflug teil? Überschlagt.

Klasse	1a	1b	2a	2b	3a	3b	4a	4b	Lehrer
Personen	27	26	31	28	21	23	25	24	11

b) In einen Reisebus passen 50 Personen. Wie viele Busse werden benötigt?
Genügt hier ein Überschlag?

c) Der Mietpreis für einen Bus beträgt 146 €. Reichen 750 € für die Gesamtmiete?
Überschlagt.

6 a) Wie viele Sitzplätze hat das Theater ungefähr? Überschlagt.

b) Drei Grundschulen und zwei Kindergärten möchten sich das Stück anschauen. Passen alle Personen ins Theater? Überschlagt.

Kirchschule	249 Personen
Schule am Park	215 Personen
Waldschule	149 Personen
Kita „Regenbogen"	47 Personen
Kita „Schatzinsel"	21 Personen

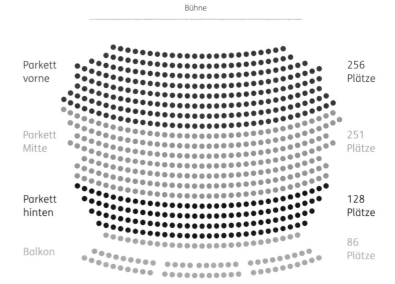

Saalplan

Bühne

Parkett vorne — 256 Plätze

Parkett Mitte — 251 Plätze

Parkett hinten — 128 Plätze

Balkon — 86 Plätze

7 Das Theaterstück wurde von Donnerstag bis Sonntag gespielt.
Diese Eintrittskarten wurden verkauft:

	Donnerstag	Freitag	Samstag	Sonntag
Parkett vorne	187	228	249	236
Parkett Mitte	213	219	207	248
Parkett hinten	88	76	97	65
Balkon	37	29	38	22

a) Überschlagt für jeden Tag die Besucherzahlen.
An welchem Tag kamen die meisten Besucher? An welchem die wenigsten?

7 a) Donnerstag: 1 9 0 + 2 1 0 + 9 0 + 4 0 =

b) Überschlagt für jede Kategorie, wie viele Karten verkauft wurden.
Aus welcher Kategorie wurden die meisten Karten verkauft? Aus welcher die wenigsten?

Längen: Meter und Kilometer

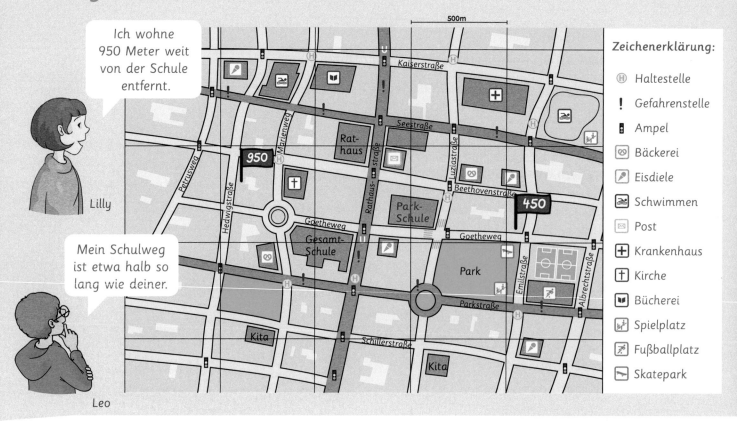

> **Lilly:** Ich wohne 950 Meter weit von der Schule entfernt.

> **Leo:** Mein Schulweg ist etwa halb so lang wie deiner.

Zeichenerklärung:
- Ⓗ Haltestelle
- ❗ Gefahrenstelle
- 🚦 Ampel
- Bäckerei
- Eisdiele
- Schwimmen
- Post
- ✚ Krankenhaus
- ✝ Kirche
- Bücherei
- Spielplatz
- Fußballplatz
- Skatepark

1000 Meter sind 1 Kilometer.   1000 m = 1 km

1 a) Trage die Längen der Schulwege in eine Tabelle ein. Schreibe in km und m.

Anna: 1 Kilometer 250 Meter	Lena: 1 Kilometer 450 Meter
Leo: 450 Meter	Metin: 1 Kilometer 150 Meter
Till: 1 Kilometer 45 Meter	Mila: 1 Kilometer 105 Meter
Finn: 1 Kilometer 575 Meter	Paula: 950 Meter

1 a)	1 km	100 m	10 m	1 m	
Anna:	1	2	5	0	1 km 250 m

b) Wie lang ist dein Schulweg?

2 Leo und Paula gehen jeden Tag zu Fuß zur Schule. Vergleiche ihre Schulwege.
   a) Wie weit geht Leo an einem Tag (in einer Woche)?
   b) Wie weit geht Paula an einem Tag (in einer Woche)?
   c) Schätze: Wie viel Zeit benötigen Leo und Paula für ihren Schulweg am Tag (in der Woche)?
   d) Finde Aufgaben zu deinem Schulweg.

> Zu Fuß braucht ein Kind für 1 km ungefähr 20 min.

3 a) Was ist ungefähr einen Kilometer weit von eurer Schule entfernt? Sammelt Beispiele. Zeichnet eine Skizze.

b) Zeichnet einen Kinderstadtplan von eurem Ort.

1 Entfernungen auf unterschiedliche Weisen schreiben. Mit eigenem Schulweg vergleichen (Internetrecherche). **2** Einfache Rechenaufgaben mit Entfernungen durchführen. **3** Stützpunktvorstellung von 1 Kilometer aufbauen (Internetrecherche). Als Projekt Kinderstadtplan entwickeln.

■ (P, K, M, D)   → Arbeitsheft, Seite 43   → Förderheft, Seite 60

○ **4** Tiere können in der Nacht weite Wege zurücklegen. Ordnet die Wege der Länge nach.

Igel: 2 km 500 m

Marder: 15 km

Fledermaus: 37 km 500 m

Waschbär: 7 km 500 m

Fuchs: 30 km

Wolf: 50 km

Kröte: 600 m

Wildschwein: 22 km 500 m

Wildkatze: 2200 m

● **5** Vergleicht die Wege von ...

a) ... Igel und Waschbär.

| 5 a) | 7 k m 5 0 0 m – 2 k m 5 0 0 m = 5 k m |
| | Der Waschbär läuft 5 km weiter. |

b) ... Marder und Wildschwein.

c) ... Wildkatze und Igel.

d) ... ___ und ___.

● **6** Wie viele km sind die Tiere in der Woche ungefähr nachts unterwegs?

a) der Wolf   b) der Fuchs   c) der Marder   d) ___

e) Stellt euch vor, ihr begleitet die Tiere. Wie viel Zeit benötigt ihr ungefähr für die Strecken?

✳ **7** Wählt ein Tier. Sucht nach interessanten Entfernungen.

Erstellt ein Plakat. Findet Fragen und rechnet.

4 Weiten sortieren. Mit der größten Weite beginnen. In der Stellentafel und mit Kurzschreibweise notieren.   **5** Weiten vergleichen. Bei der Notation an den abgebildeten Schülerlösungen orientieren.   **6** Weiten der Nächte einer Woche z. B. mithilfe einer Tabelle bestimmen.   **7** Daten für weitere Tiere recherchieren, auf einem Plakat oder Steckbrief festhalten.

75

■ (K, M, D) → Arbeitsheft, Seite 43

Mit Entfernungen rechnen

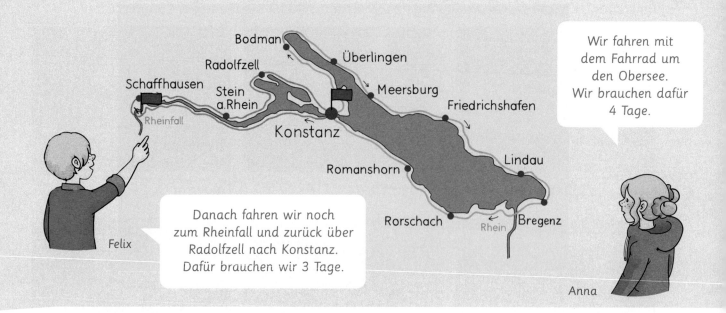

Felix: Danach fahren wir noch zum Rheinfall und zurück über Radolfzell nach Konstanz. Dafür brauchen wir 3 Tage.

Anna: Wir fahren mit dem Fahrrad um den Obersee. Wir brauchen dafür 4 Tage.

1 Vergleicht die Strecken auf dem Rundweg um den Bodensee.

a) An welchem Tag sind Felix und Anna die längste (kürzeste) Strecke gefahren?

b) Wie weit ist es von Konstanz nach Lindau?

c) Wie weit ist es von Meersburg nach Rorschach?

d) Wie weit ist es von ___ nach ___?

> 1. Tag von Konstanz nach Meersburg: 54 km
> 2. Tag von Meersburg nach Lindau: 41 km
> 3. Tag von Lindau nach Rorschach: 36 km
> 4. Tag von Rorschach nach Konstanz: 39 km

2 Vergleicht die Strecken auf der Fahrt von Konstanz zum Rheinfall und zurück nach Konstanz.

Konstanz	Rheinfall	Radolfzell	Konstanz
0 km	48 km	91 km	110 km

a) An welchem Tag sind Anna und Felix die längste (kürzeste) Strecke gefahren?

b) Wie weit ist es von Konstanz nach Radolfzell?

c) Wie weit ist es vom Rheinfall zurück nach Konstanz?

d) Wie weit ist es von ___ nach ___?

e) An einem Tag sind Anna und Felix 43 km gefahren. Welche Strecke war es?

3 Wie viele Kilometer sind Anna und Felix insgesamt gefahren ...

a) ... auf dem Rundweg um den Obersee?

b) ... auf beiden Touren zusammen?

1, 2 Verschiedene Notationsweisen von Strecken richtig interpretieren. **3** Strecken miteinander vergleichen. Strecken berechnen.

■ (K, M, D) → Arbeitsheft, Seite 44 → Förderheft, Seite 61

● **4** Wie lang sind die Strecken?

a) Hamburg – Berlin – Dresden

4 a)	H H – B – D D
	2 8 9 + 1 9 4 =
	2 0 0 + 1 0 0 = 3 0 0
	8 0 + 9 0 = 1 7 0
	9 + 4 = 1 3

b) Kassel – Würzburg – Ulm

c) Frankfurt – Karlsruhe – Stuttgart

d) Findet weitere Strecken.

● **5** Findet verschiedene Strecken und vergleicht die Entfernungen ...

a) ... von Dortmund nach Stuttgart.

b) ... von Karlsruhe nach Würzburg.

c) ... von ___ nach ___.

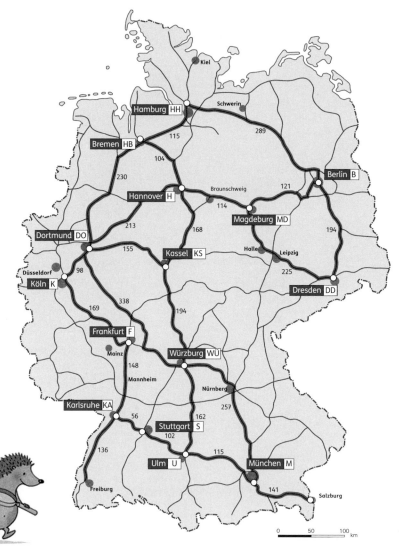

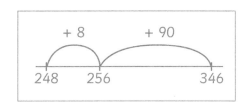

● **6** Wie lang sind die gefahrenen Strecken?

Tacho Start   Tacho Ziel

a) $\boxed{2}\boxed{4}\boxed{8}$ $\boxed{3}\boxed{4}\boxed{6}$

b) $\boxed{4}\boxed{0}\boxed{8}$ $\boxed{6}\boxed{9}\boxed{2}$

c) $\boxed{5}\boxed{8}\boxed{9}$ $\boxed{7}\boxed{5}\boxed{1}$

d) Findet weitere Aufgaben.

> Ich ergänze erst zum passenden Einer, also 248 + 8 = 256. Danach zum Zehner, also 256 + 90 = 346. Insgesamt sind es 98 Kilometer.

Lilly

```
        + 8        + 90
     ⌢          ⌢
  248    256         346
```

248 + ___ = 346
―――――――――――
248 +   8 = 256
256 + 90 = 346

● **7** Findet das Ziel und die Strecken.

a) Start: Hannover —— + 339 km ——→ Ziel: ?

b) Start: Kassel —— + 272 km ——→ Ziel: ?

c) Start: Würzburg —— + 349 km ——→ Ziel: ?

d) Findet weitere Aufgaben.

4, 5 Streckenlängen individuell berechnen. Zur Notation Abkürzungen der Städtenamen nutzen (Karte als KV). **6** Tacho-unterschied bestimmen als Vorarbeit auf die schriftliche Subtraktion. **7** Autobahnrätsel lösen, dabei Strecken abschätzen/überschlagen: Wenn man von Hannover aus 339 km weiterfährt, wohin gelangt man ungefähr? Strategien besprechen.

■ (P, K, M, D) → Arbeitsheft, Seite 44

Einführung der schriftlichen Addition

Ich addiere Hunderter, Zehner und Einer extra.

$$154 + 372 = 526$$
$$100 + 300 = 400$$
$$50 + 70 = 120$$
$$4 + 2 = 6$$

Ben

Ich addiere schriftlich. 6 Einer, 2 Zehner und ein Übertrag, also 5 Hunderter.

H	Z	E
1	5	4
+ 3	7	2
1		
5	2	6

Paula

Bündeln

10 **E**iner sind ein **Z**ehner.   10 **Z**ehner sind 1 **H**underter.   10 **H**underter sind 1 **T**ausender.

○ **1** Wie rechnen die Kinder? Beschreibt.

Wir rechnen erst die Einer zusammen.

Das sind 12 Einer. Die müssen wir bündeln.

154 + 638 =

7H + 8Z + 12E

Paula

Lena

12 Einer sind 1 Zehner und 2 Einer.

Ich schreibe einen Übertrag in die Zehnerspalte. Dann sind es 9 Zehner.

154 + 638 =

7H + 8Z + 12E

○ **2** Addiere wie Lena und Paula. Achte auf das Bündeln und schreibe die Überträge.

H	Z	E		H	Z	E		H	Z	E		H	Z	E		H	Z	E
2	5	8		1	4	7		3	2	6		4	1	8		4	2	6
+ 4	1	7		+ 6	3	8		+ 5	9	3		+ 2	6	3		+ 3	9	5

1, 2 Die schriftliche Addition aus der halbschriftlichen Strategie *Stellenweise extra* entwickeln. Den Übertrag mithilfe des Bündelns thematisieren. Auf mathematisch korrekte Notation des Rechenweges achten, den Begriff *stellenweise* wiederholen.

■ (K, D) → Arbeitsheft, Seiten 45, 46 → Förderheft, Seiten 62, 63

Schriftliche Addition

Schriftlich addieren:

Addiere erst die Einer, dann die Zehner, dann die Hunderter. Achte auf die Überträge.

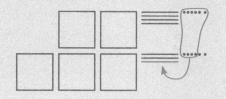

H	Z	E
2	4	6
+ 3	2	6
	1	
5	7	2

Übertrag

Sprechweise:

6 + 6 = 12, schreibe 2, übertrage 1

4 + 3 = 7, schreibe 7

2 + 3 = 5, schreibe 5

○ **3** Rechne schriftlich. Achte auf die Überträge.

a) 329
  + 137

b) 174
  + 180

c) 379
  + 419

d) 586
  + 155

e)   33
  + 468

f) 209
  + 396

g) 127
  + 87

○ **4** Schreibe stellengerecht untereinander. Addiere schriftlich.

a) 329 + 37
   477 + 156
   208 + 425
   174 + 189

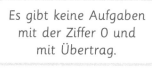

4 a)
	3	2	9
+		3	7
		1	
	3	6	6

	4	7	7
+	1	5	6

b) 582 + 224
   678 + 182
   488 + 192
   142 + 466

c) 586 + 191
   375 + 291
    26 + 529
   177 + 267

d) 386 + 119
   107 + 297
   156 + 147
   120 + 82

Bei der schriftlichen Addition werden die Zahlen stellengerecht untereinander geschrieben:
Einer unter Einer, Zehner unter Zehner und Hunderter unter Hunderter.

○ **5** Addiere schriftlich.

a) Sortiere. Bei welchen Aufgaben entstehen Überträge?
   In welchen Aufgaben kommt die Ziffer 0 vor?

427 + 68	304 + 392	401 + 376
272 + 573	207 + 72	63 + 405
503 + 282	437 + 288	200 + 499
500 + 202	367 + 76	

Paula

b) Stimmt das?
   Erkläre und finde Beispiele.

> Es gibt keine Aufgaben
> mit der Ziffer 0 und
> mit Übertrag.

Leo

Die Sprechweise bei der schriftlichen Addition kann auch von unten nach oben erfolgen.   **3, 4** Sprech- und Schreibweise
vertiefen. Überträge und Rechnen mit der Null reflektieren.   **5** Aufgaben passend auswählen und stellengerecht notieren.

79

■ (P) → Arbeitsheft, Seiten 45, 46 → Förderheft, Seiten 62, 63

Schriftlich addieren

1 Addiere schriftlich. Achte auf die Nullen und die Überträge.

a)
```
  174        341        438        538
+ 216      + 539      + 372      + 162
─────      ─────      ─────      ─────
```

b)
```
  305        508        304        703
+ 306      + 309      + 507      + 109
─────      ─────      ─────      ─────
```

c)
```
  405        103        207        109
+ 109      + 809      + 104      + 801
─────      ─────      ─────      ─────
```

d)
```
  314        428        674        436        713        236        179
+ 286      + 172      + 126      + 364      + 187      + 164      + 121
─────      ─────      ─────      ─────      ─────      ─────      ─────
```

174 + 216. Die Einer ergeben 10. Da muss ich zwar nur eine Null hinschreiben, aber an den Übertrag denken.

Till

2 Paschzahlen im Ergebnis. Finde weitere Aufgaben.

a) 213 + 231
752 + 136
683 + 316
303 + 141
___ + ___

b) 134 + 88
167 + 55
489 + 66
178 + 44
___ + ___

c) 253 + 191
374 + 181
308 + 247
457 + 209
___ + ___

3 Finde die fehlenden Ziffern. Achte auf die Überträge.

a)
```
  2 4 6
+ ▨ ▨ ▨
  1 1
─────────
  5 0 0
```

b)
```
  2 3 4
+ ▨ ▨ ▨
  1 1
─────────
  5 0 0
```

c)
```
  3 9 1
+ ▨ ▨ ▨
  1 1
─────────
  5 0 0
```

d)
```
  ▨ ▨ ▨
+ 4 0 4
  1 1
─────────
  6 0 0
```

e)
```
  ▨ ▨ ▨
+ 1 2 3
  1 1
─────────
  6 0 0
```

f)
```
  ▨ ▨ ▨
+ 2 0 6
  1 1
─────────
  6 0 0
```

4 Wähle immer zwei Zahlen aus. Addiere schriftlich.

225	120	68	432	306	354
456	333	184	118	309	465
512	275	149	543	664	135

Die Summe soll ...

a) ... größer als 500 sein.

b) ... zwischen 400 und 500 liegen.

c) ... kleiner als 400 sein.

200 + 300 sind 500. Dann ist diese Summe auf jeden Fall größer als 500.

4a) 225 + 309

Metin

1, 3 Aufgaben mit auftretenden Nullen rechnen, evtl. Probleme besprechen. 2 Das Zustandekommen von Paschzahlen klären. 4 Aufgaben mit vorgegebenen Eigenschaften finden.

■ (P, K, A)   → Arbeitsheft, Seite 47   → Förderheft, Seite 64

✳ 5 Legt mit 6 Ziffernkarten zwei dreistellige Zahlen und addiert sie. Legt mit denselben Karten
☺☺ weitere Aufgaben und beschreibt euer Vorgehen. $\boxed{0}\ \boxed{1}\ \boxed{2}\ \boxed{3}\ \boxed{4}\ \boxed{5}\ \boxed{6}\ \boxed{7}\ \boxed{8}\ \boxed{9}$
Findet Aufgaben ...

a) ... mit der gleichen Summe.

b) ... mit einer möglichst kleinen Summe.

c) ... mit einer möglichst großen Summe.

d) ... mit einer Summe möglichst nah an 750.

e) ... mit einem Übertrag.

f) ... mit zwei Überträgen.

✳ 6 Legt Aufgaben mit den Ziffernkarten. $\boxed{0}\ \boxed{1}\ \boxed{2}\ \boxed{3}\ \boxed{4}\ \boxed{5}\ \boxed{6}\ \boxed{7}\ \boxed{8}\ \boxed{9}$
☺☺ Findet verschiedene Möglichkeiten ...

a) ... mit der Summe 555.

b) ... mit der Summe 777.

c) ... mit der Summe 999.

d) ... mit der Summe 1000.

$\boxed{4}\ \boxed{8}\ \boxed{2}$
$\boxed{7}\ \boxed{3}$

$$\begin{array}{r} 4\ 8\ 2 \\ +\ \ \ 7\ 3 \\ \hline {\scriptstyle 1} \\ 5\ 5\ 5 \end{array}$$

oder

$\boxed{3}\ \boxed{9}\ \boxed{8}$
$\boxed{1}\ \boxed{5}\ \boxed{7}$

$$\begin{array}{r} 3\ 9\ 8 \\ +\ 1\ 5\ 7 \\ \hline {\scriptstyle 1\ 1} \\ 5\ 5\ 5 \end{array}$$

✳ 7 Spielt **„Summen legen"**.
☺☺ Ihr benötigt zweimal die Ziffernkarten von 0 – 9.
Legt alle Ziffernkarten zu einem Stapel zusammen.
Zieht abwechselnd eine Karte.
Jeder zieht insgesamt 6 Karten.
Entscheidet nach jedem Zug,
an welche Stelle ihr die Ziffer legt.

a) Es gewinnt die kleinste (größte) Summe.

b) Es gewinnt die Summe,
die näher an 500 liegt.

c) Es gewinnt die Summe mit den
meisten (wenigsten) Überträgen.

$\boxed{0}\ \boxed{1}\ \boxed{2}\ \boxed{3}\ \boxed{4}\ \boxed{5}\ \boxed{6}\ \boxed{7}\ \boxed{8}\ \boxed{9}$
$\boxed{0}\ \boxed{1}\ \boxed{2}\ \boxed{3}\ \boxed{4}\ \boxed{5}\ \boxed{6}\ \boxed{7}\ \boxed{8}\ \boxed{9}$

Die 1 ist am kleinsten.
Deswegen lege ich sie
an die Hunderterstelle.

Die 7 ist schon ziemlich groß,
deshalb habe ich sie
an die Einerstelle gelegt.

5 Aufgaben operativ variieren, die Auswirkung des Zifferntauschs auf die Summe reflektieren. **6, 7** Die Erfahrungen aus
der vorangegangenen Aufgabe aufgreifen und strategisch nutzen.

 81

■ (P, K, A) → Arbeitsheft, Seite 47 → Förderheft, Seite 64

Übungen zur schriftlichen Addition

1 Findet die Fehler.

Was sollen die Kinder beim Rechnen beachten?

2 Rechne schriftlich.

a) $341 + 87$

$218 + 537$

b) $807 + 124$

$502 + 378$

c) $67 + 338$

$435 + 75$

d) $718 + 204$

$176 + 64$

3 Finde die fehlenden Ziffern. Wie gehst du vor?

Achte auf die Überträge.

a)
```
  3 5 2        3 5 2
+   2 ■      +   2 ■
                 1
-------      -------
  3 7 8        3 8 1
```

b)
```
    3 8          3 8
+ 2 ■ 1      + 2 ■ 1
                 1
-------      -------
  2 6 9        3 1 9
```

c)
```
  4 ■ 3        4 ■ 3
+ 5 4 2      + 5 4 2
               1 1
-------      -------
  9 8 5      1 0 2 5
```

d)
```
  2 7 6        2 7 6
+ 3 ■ ■      + 3 ■ ■
-------      -------
  5 9 8        6 4 8
```

e)
```
  4 ■ ■        4 ■ ■
+ 5 2 3      + 5 2 6
             1 1 1
-------      -------
  9 9 9      1 0 0 0
```

f)
```
  5 6 2        5 6 2
+ ■ ■ 5      + ■ ■ 5
                 1
-------      -------
  8 9 7        9 2 7
```

1 Typische Fehler beim schriftlichen Addieren besprechen, beschreiben und beheben (z. B. Fehler mit der 0, mit Überträgen, bei der stellengerechten Notation). **2** Schriftliches Addieren sichern. **3** Additionsverfahren vertiefen, Ergänzungsverfahren vorbereiten.

■ (P, K, A) → Arbeitsheft, Seiten 48, 49 → Förderheft, Seiten 65, 66

Schriftlich addieren mit 3 Zahlen:

Beginne bei den Einern.

H	Z	E
1	5	7
+ 2	3	9
+	2	1
	1	1
4	1	7

Sprechweise:

7 E + 9 E + 1 E = 17 E, schreibe 7, übertrage 1.

5 Z + 3 Z + 3 Z = 11 Z, schreibe 1, übertrage 1.

1 H + 3 H = 4 H, schreibe 4.

○ **4** Rechne schriftlich und achte auf die Überträge. Vergleiche.

a)
```
   134        134
 + 312      + 314
 +  43      +  43
 _____     _____
```

b)
```
   425        445
 + 216      + 216
 +  52      +  52
 _____     _____
```

c)
```
   216        216
 + 152      + 152
 +  31      +  33
 _____     _____
```

d)
```
   245        245
 + 123      + 123
 +  12      +  32
 _____     _____
```

e)
```
   437        457
 + 216      + 216
 +  38      +  38
 _____     _____
```

f)
```
   154        154
 + 426      + 428
 +  19      +  19
 _____     _____
```

○ **5** Rechne schriftlich. Schreibe stellengerecht untereinander.

a) 213 + 362 + 156

317 + 506 + 93

238 + 56 + 127

b) 253 + 133 + 307

122 + 201 + 310

278 + 101 + 78

c) 136 + 219 + 418

312 + 142 + 108

302 + 284 + 414

✳ **6** Finde Aufgaben zur schriftlichen Addition mit 3 Zahlen. Beschreibe dein Vorgehen. Die Rechnung hat ...

a) ... keinen Übertrag.

b) ... einen Übertrag, der größer ist als 1.

c) ... zwei Überträge.

d) ... ein Ergebnis mit einer Null an einer Stelle.

Die beiden Einer müssen zusammen kleiner sein als 6, sonst entsteht ein Übertrag.

Max

● **7** Finde die fehlenden Ziffern und die Überträge.

a)
```
 ▓▓▓          ▓▓▓
+ 1 6 3     + 1 7 3
+   1 2     +   1 2
_____     _____
  5 8 9       5 8 9
```

b)
```
 ▓▓▓          ▓▓▓
+ 3 1 4     + 3 1 4
+ 2 6 1     + 2 6 1
_____     _____
  8 9 7       9 0 7
```

c)
```
 ▓▓▓          ▓▓▓
+ 7 1 4     + 7 1 4
+ 1 3 2     + 1 3 2
_____     _____
  9 9 9     1 0 0 0
```

Die Sprechweise bei der schriftlichen Addition kann auch von unten nach oben erfolgen. **4, 5** Additionsverfahren auf drei Summanden übertragen. **6, 7** Additionsverfahren vertiefen.

83

■ (P, K, A) → Arbeitsheft, Seiten 48, 49 → Förderheft, Seiten 65, 66

Mit Geld rechnen

1 Wie rechnet ihr 1,87 € + 1,36 €? Findet verschiedene Rechenwege.

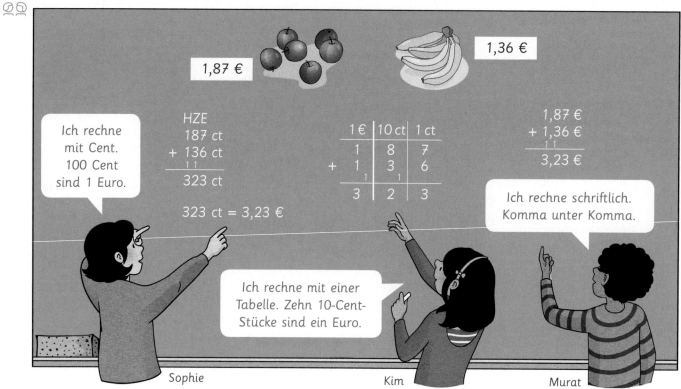

Wie rechnen die Kinder? Beschreibt.

2 Addiere in der Tabelle. Erkläre die Überträge. Schreibe das Ergebnis in Euro.

a) 2,38 €
   1,43 €

2 a)	1 €	10 ct	1 ct	
	2	3	8	
+	1	4	3	
			1	
	3	8	1	3,81 €

b) 1,37 €
   2,55 €

c) 0,17 €
   1,76 €

d) 3,04 €
   1,07 €

e) 2,70 €
   1,84 €

f) 3,81 €
   1,54 €

g) 2,59 €
   1,86 €

3 Addiere schriftlich. Achte auf das Komma und denke an die Überträge.

a) 1,37 €
   3,53 €

3 a)		1,	3	7	€
	+	3,	5	3	€
			1		
		4,	9	0	€

b) 1,37 €
   3,54 €

c) 1,37 €
   3,55 €

d) 1,37 €
   3,65 €

4 Schriftlich oder im Kopf? Erklärt.

4,00 € + 2,35 €	29,99 € + 30,00 €	125,00 € + 399,00 €	345,78 € + 321,66 €
23,50 € + 45,50 €	67,98 € + 25,08 €	23,56 € + 23,89 €	149,50 € + 200,00 €

4)	im Kopf								schriftlich			
	4,0 0 € + 2,3 5 € = 6,3 5 €											

1–3 Verfahren der schriftlichen Addition auf Kommazahlen in Geldwerten übertragen. 4 Geschicktes Rechnen auf Kommazahlen übertragen.

■ (K, A, D) → Arbeitsheft, Seiten 50, 51

○ **5** Reicht das Geld? Wie rechnen die Kinder? Beschreibt.

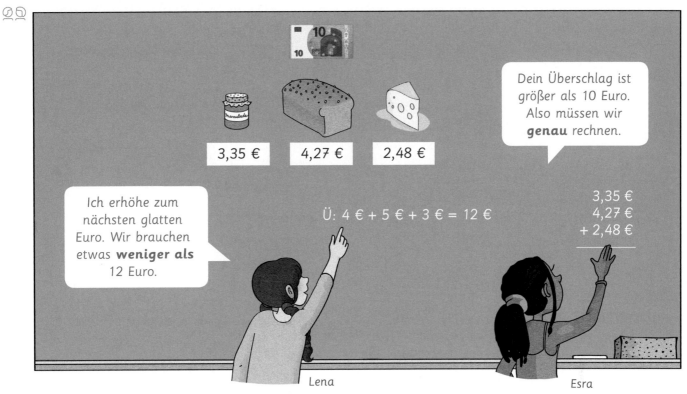

○ **6** Reicht das Geld? Überschlagt zuerst. Rechnet genau, wenn es notwendig ist.

a)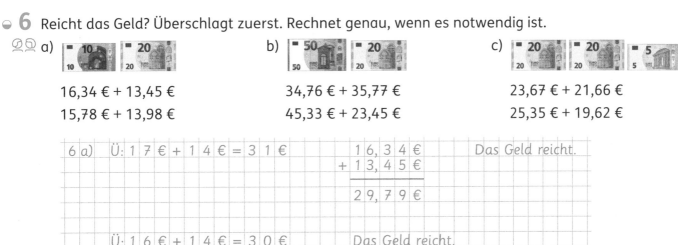

16,34 € + 13,45 €
15,78 € + 13,98 €

b) 34,76 € + 35,77 €
45,33 € + 23,45 €

c) 23,67 € + 21,66 €
25,35 € + 19,62 €

```
6 a)   Ü: 1 7 € + 1 4 € = 3 1 €        1 6, 3 4 €    Das Geld reicht.
                                     + 1 3, 4 5 €
                                       2 9, 7 9 €

       Ü: 1 6 € + 1 4 € = 3 0 €    Das Geld reicht.
```

d) 31,95 € + 32,73 €
28,27 € + 36,17 €

e) 17,42 € + 33,31 €
28,51 € + 20,32 €

f) 16,42 € + 56,12 €
12,31 € + 60,32 €

○ **7** Rechne schriftlich. Überprüfe mit einem Überschlag.

a) 32,12 € + 27,36 €

b) 48,31 € + 17,64 €

c) 32,91 € + 37,32 €

d) 18,65 € + 44,53€

e) 21,78 € + 67,32 €

f) 17,93 € + 25,39 €

Ich kann Zahlen im Hunderterraum und Geldbeträge schriftlich addieren.
Ich kann Additionsaufgaben überschlagen und die schriftliche Rechnung damit überprüfen.

1 Rechne schriftlich.

a) 234
  + 442

b) 601
  + 306

c) 563
  + 52

d) 305
  + 68

e) 438
  + 44

f) 246
  + 567

2 Rechne schriftlich. Schreibe stellengerecht untereinander.

a) 264 + 147   b) 350 + 457   c) 125 + 57   d) 298 + 77   e) 568 + 201

3 Schreibe immer drei Aufgaben.

a) Die Rechnung hat keinen Übertrag.

b) Die Rechnung hat einen Übertrag.

c) Die Rechnung hat zwei Überträge.

d) In der Rechnung kommt eine Null vor.

4 Welche Ziffer fehlt?

a)   2 1 2
   + 1 4 ■
   ———
     3 5 8

b)   3 2 4
   + 4 1 ■
   ———
     7 3 6

c)   4 8
   + 5 ■ 5
     —1—
     5 7 3

d)   3 ■ 9
   + 2 3 1
    1 1
     6 1 0

e)   4 2 0
   + 3 ■ ■
   ———
     7 9 8

5 Rechne schriftlich. Schreibe stellengerecht untereinander.

a) 134 + 256 + 47   b) 284 + 132 + 83   c) 153 + 471 + 63   d) 312 + 411 + 56

6 Reicht das Geld? Überschlage zuerst. Rechne genau, wenn es notwendig ist.

a)

16,35 € + 24,12 €
15,35 € + 23,12 €

b)

47,18 € + 11,23 €
48,37 € + 11,51 €

c)

58,64 € + 22,31 €
50,46 € + 28,31 €

7 Rechne schriftlich. Überprüfe die Rechnung mit einem Überschlag.

a) 16,32 € + 52,81 €
   51,53 € + 12,38 €
   25,76 € + 36,21 €
   87,12 € + 34,56 €

b) 27,64 € + 31,58 €
   52,74 € + 41,68 €
   27,93 € + 11,67 €
   54,13 € + 24,87 €

c) 75,48 € + 147,25 €
    38,44 € + 27,65 €
   119,76 € + 24,77 €
    48,58 € + 37,67 €

Wesentliche Aspekte des Kapitels noch einmal reflektieren.

■ ■ → Arbeitsheft, Seite 52   → Förderheft, Seite 67

Forschen und Finden: Streichquadrate

Ich kreise ein, erst 12, dann 20 und dann noch 11.

Leo

Deine Streichzahl ist 43. Gibt es noch andere Streichzahlen?

Metin

12
+ 20
+ 11
___
43

Streichregeln:

1. Wähle eine Zahl und kreise sie ein.

2. Streiche alle restlichen Zahlen in der gleichen Zeile und Spalte.

3. Kreise eine weitere Zahl ein. Streiche wieder alle restlichen Zahlen der gleichen Zeile und Spalte.

4. Eine Zahl bleibt übrig. Kreise sie ein.

5. Addiere die drei eingekreisten Zahlen. Das Ergebnis ist die Streichzahl.

1 Findet verschiedene Streichzahlen. Was fällt euch auf?

a)

17	12	29
20	15	14
25	13	11

b)

3	45	51
62	17	8
39	13	81

c)

2	12	37
38	14	17
68	47	5

d)

4	8	23
12	16	31
7	11	26

e)

14	18	33
22	26	41
17	21	36

2 Streichquadrate aus Plustabellen.

a) Berechnet die fehlenden Zahlen des Streichquadrats.

b) Findet die größte und die kleinste Streichzahl. Was fällt euch auf?

c) Addiert die Randzahlen der Plustabelle. Was stellt ihr fest?

2 c) 8 + 1 2 + 1 6 + 9 + 1 4 + 7 =

d) Schreibt die Aufgaben in das Streichquadrat. Vergleicht die Streichzahl mit der Summe der Randzahlen. Erklärt.

Das gelbe Quadrat ist das Streichquadrat.

Immer zwei Randzahlen addieren: 8 + 7 = 15. Das Ergebnis müssen wir hier hineinschreiben.

+	9	14	7
8	17	22	
12			
16			

Ben

2 d)

+	9	14	7
8	8+9	8+14	8+7
12	12+9	12+14	12+7
16	16+9	16+14	16+7

1 7 + 3 0 + 1 9 = 6 6

8 + 9 + 1 6 + 1 4 + 1 2 + 7 = 6 6

3 Erstellt weitere Streichquadrate aus Plustabellen mit der ...

a) ... Streichzahl 66. b) ... Streichzahl 100.

c) ... Streichzahl 500. d) ... Streichzahl ___ .

1 Aufgabenformat „Streichquadrate" kennenlernen. Besonderheit der letzten beiden Streichquadrate hervorheben (konstante Streichsumme). 2 Besondere Streichquadrate mit konstanter Streichsumme herausarbeiten, Konstruktion aus Additionstabellen nachvollziehen. 3 Eigene Streichquadrate konstruieren.

87

Gewichte: Kilogramm und Gramm

1000 Gramm sind 1 Kilogramm.   1000 g = 1 kg

○ **1** a) Ordnet eure Schultaschen nach dem Gewicht.
  ☺☺ Prüft anschließend das Gewicht mit der Waage.

  b) Ordnet Gegenstände aus euren Schultaschen nach dem
     Gewicht. Prüft anschließend das Gewicht mit der Waage.

1 b)	Gegenstand	Gewicht
	Radiergummi	1 5 g
	Zahlenbuch	

○ **2** a) Ordnet die Schultaschen nach dem Gewicht.
  ☺☺

Sophie: 2 kg 816 g   Metin: 2 kg 420 g   Noah: 2 kg 691 g   Mila: 2 kg 504 g

  b) Wie viel Gramm ist Sophies Schultasche schwerer als Metins Schultasche?

  c) Wie viel Gramm ist Milas Schultasche
     leichter als Noahs Schultasche?

  > Um Rückenschmerzen zu vermeiden, sollte
  > deine Schultasche leichter als 4 kg 500 g sein.

○ **3** Wiegt verschiedene Gegenstände.
  ☺☺ a) Tragt das Gewicht in die Tabelle ein.

3 a)	1 kg	100 g	10 g	1 g
CD		1	0	5

  b) Erstellt Plakate.
     Findet Gegenstände, die ungefähr 10 g, 100 g, 500 g und 1 kg wiegen.

Ungefähr 10 g   Ungefähr 100 g   Ungefähr 500 g   Ungefähr 1 kg

Einführung in den Größenbereich „Gewichte". Die Begriffe *Kilogramm* und *Gramm* klären. **1** In Kleingruppen (ca. 5 Kinder) Gegenstände erst nach dem Gewicht ordnen, danach wiegen. **2** Gewichte in die Stellentafel eintragen, vergleichen und berechnen. **3** Plakate gestalten, Stützpunktvorstellungen ausbauen.

○ **4** Mit diesen Gewichten kannst du jedes Gewicht
von 1 g bis 1 kg legen. Wie legst du?

a) 145 g   b) 215 g

c) 395 g   d) 669 g

e) 1000 g   f) ___ g

| 4 a) | 1 4 5 g = 1 0 0 g + 2 0 g + 1 0 g + 1 0 g + 5 g |

○ **5** Wie schwer ist das Gemüse?

a)

b)

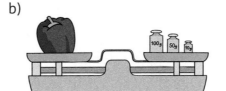

c)

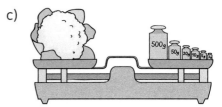

○ **6** Wie viele Packungen wiegen zusammen jeweils 1 kg?

500 g   250 g   100 g   10 g   1 kg = 1000 g

| 6) Nudeln: 2 Packungen |
| Butter: |

○ **7** Wie schwer sind die Einkäufe?

a)

b)

c)

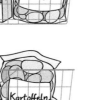

d)

e) Stelle einen Einkaufskorb zusammen und berechne das Gewicht.

● **8** Stimmt das?

a) Alle Federmäppchen in eurer Klasse wiegen zusammen mehr als 3 kg.

b) Alle Schultaschen in eurer Klasse wiegen zusammen mehr als 200 kg.

c) Alle Zahlenbücher in eurer Klasse wiegen zusammen mehr als 25 kg.

d) Findet weitere Aufgaben.

4, 5 Gewichtssteine kennenlernen, Gewicht von Gegenständen mit Gewichtssteinen bestimmen. **6** Standardgewichte
kennenlernen und vergleichen. **7** Gewichte von Lebensmitteln berechnen. **8** Aussagen auf eigenen Wegen überprüfen.

89

→ Arbeitsheft, Seite 54   → Förderheft, Seite 69

Gewichte: Kilogramm und Tonne

Orang-Utan
90 kg

Eisbär
500 kg

Giraffe
1 t 600 kg

Elefant
5 t

Blauwal
130 t

Finn
30 kg

Das Gewicht von männlichen und weiblichen Tieren einer Art ist häufig sehr unterschiedlich. Beispiel: Ein männlicher Orang-Utan wiegt ca. 90 kg und ein weiblicher Orang-Utan ca. 50 kg.

1000 Kilogramm sind 1 Tonne.   1000 kg = 1 t

○ **1** Ordne die Tiere nach ihrem Gewicht. Beginne mit dem leichtesten Tier.

○ **2** Wie schwer sind die Tiere?
  a) Ein Koala wiegt ungefähr halb so viel wie Finn.
  b) Ein Python wiegt ungefähr halb so viel wie ein Orang-Utan.

  c) Ein Flusspferd wiegt ungefähr doppelt so viel wie eine Giraffe.
  d) Ein Krokodil wiegt ungefähr so viel wie 6 Orang-Utans.

  e) Ein Nashorn wiegt ungefähr so viel wie 5 Eisbären.
  f) Ein Pottwal wiegt ungefähr so viel wie 3 Elefanten.

○ **3** Zusammen immer ungefähr 1 t.
  a) Wie viele Eisbären?
  b) Wie viele Orang-Utans?

  c) Wie viele Kinder?
  d) Wie viele ___?

○ **4** Wie viel fehlt bis zu 1 t?
  a) 350 kg   b) 740 kg   c) 190 kg   d) 470 kg   e) 280 kg   f) 960 kg
     349 kg   737 kg   181 kg   468 kg   285 kg   963 kg

4a)   3 5 0 k g + 6 5 0 k g = 1 0 0 0 k g

1 Erste Erfahrungen zur Gewichtseinheit Tonne sammeln. Tiere nach dem Gewicht ordnen und vergleichen. **2, 3** Sachaufgaben anhand der Gewichtsangaben lösen. **4** Ergänzen bis zu 1 t.

■ (D) → Arbeitsheft, Seite 55

Tierbabys

Orang-Utan
2 kg

Eisbär
500 g

Elefant
100 kg

Giraffe
50 kg

Blauwal
2 t 500 kg

5 a) Ordne die Tiere nach dem Geburtsgewicht. Beginne mit dem leichtesten Tierbaby.

b) Vergleiche das Geburtsgewicht mit dem Gewicht der erwachsenen Tiere.

c) Wie viele Tierbabys wiegen so viel wie ein ausgewachsenes Tier? Vergleiche.

5 c)	1	Elefantenbaby:	1	0	0	kg
	1 0	Elefantenbabys:	1	t		
	5 0	Elefantenbabys:	5	t		

50 Elefantenbabys wiegen so viel wie ein ausgewachsener Elefant.

6 Ordne jedem Tier das passende Gewicht zu.

a)

Erdmännchen

b)

Tiger

c)

Wasserbüffel

d)

Strauß

e)

Clownfisch

1 t 200 kg   750 g   135 kg   25 g   300 kg

7 Vergleiche. < oder > oder =?

a) 620 g ● 26 kg
185 kg ● 321 g
12 t ● 1200 kg

b) 345 g ● 32 t
456 kg ● 465 kg
321 t ● 325 g

c) 1 t 500 kg ● 1500 kg
3 kg 20 g ● 2 t
1 kg 25 g ● 125 g

d) 3 t 30 kg ● 400 kg
2000 g ● 2 kg
376 t ● 369 t

Formen am Geobrett

Dreiecke am Geobrett

gleiche Dreiecke

Die Dreiecke sind alle gleich.

gespiegelt   verschoben   gedreht

○ **1** Spannt am Geobrett und zeichnet
möglichst viele verschiedene ...

a) ... Dreiecke.

Das Gummiband darf nicht aufeinander liegen.

b) ... Vierecke.

c) Wie viele habt ihr gefunden?
Ordnet und vergleicht.

Und es darf sich nicht kreuzen.

Max

Till

✲ **2** Spannt ein Dreieck. Spannt eine Ecke um.
Welche neuen Dreiecke findet ihr?
Zeichnet.

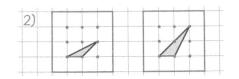

○ **3** Schöne Vierecke. Beschreibt: Welche Ecken müsst ihr umspannen?

a) Aus ...   macht ...

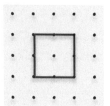   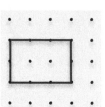

b) Aus ...   macht ...

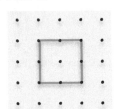   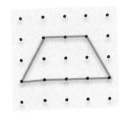

c) Aus ...   macht ...

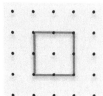   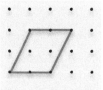

d) Aus ...   macht ...

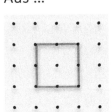   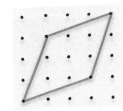

e) Spannt ein Viereck. Spannt um. Welche neuen Vierecke findet ihr? Zeichnet.

92

4 Symmetrische Dreiecke und Vierecke. Spiegelt das Dreieck an allen drei Seiten.
Welche Formen entstehen? Zeichnet.

a)

b)

c)

d)

> Aus dem Dreieck wird ein Quadrat.
>
> Paula

5 Symmetrische Figuren. Spiegelt das Viereck an allen vier Seiten.
Welche Formen entstehen? Zeichnet.

a)

b)

c)

d)

e)

f) Findet eigene Vierecke, die ihr am Geobrett spiegeln könnt.

6 Spanne eine Figur am Geobrett. Dein Partner spannt das Spiegelbild.

> Ich habe ein Fünfeck gespannt. Hier ist die Spiegelachse.
>
> Noah

> Ich fange mit dem Spiegelbild an der Spiegelachse an.
>
> Mila

4, 5 Formen auf dem 5 x 5-Geobrett an allen möglichen Seiten spiegeln. Vorab vermuten lassen, welche Formen entstehen (Dreieck, Viereck, Fünfeck, Sechseck …). Bei 4c) und 4d) lassen sich nicht alle Spiegelungen im Raster ausführen.   **6** Partnerspiel am 5 x 5-Geobrett oder alternativ am 3 x 3-Geobrett spielen.

93

Flächeninhalte am Geobrett

Immer 6 Einheitsquadrate

Das sind 3 mal 2 Quadrate.

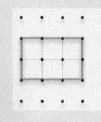

Ich sehe 2 mal 2 Quadrate und 2 einzelne.

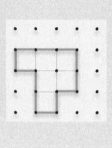

Es sind 2 mal 2 Quadrate und noch 2 einzelne Quadrate, denn 2 Dreiecke sind so groß wie 1 Quadrat.

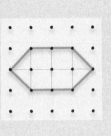

Eva   Eric   Marta

Der Flächeninhalt gibt an, wie viele Einheitsquadrate (EQ) in die Fläche passen.

Einheitsquadrat: ■

1 Wie groß ist der Flächeninhalt? Erklärt.

a)

1 a)
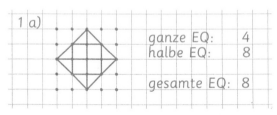

ganze EQ:	4
halbe EQ:	8
gesamte EQ:	8

b)
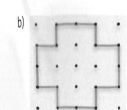

c)
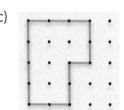

d)
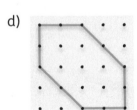

e)
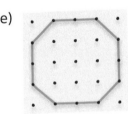

2 Findet und zeichnet Figuren, die einen Flächeninhalt haben von …

a) … 4 Einheitsquadraten. b) … 8 Einheitsquadraten. c) … 10 Einheitsquadraten.

3 Halbiert die Fläche des Geobretts.
Findet verschiedene Möglichkeiten.
Zeichnet.

Beide Hälften sind 8 Einheitsquadrate groß.

Paula   Esra

1 Zur Flächeninhaltsbestimmung die Formen nachspannen oder abzeichnen. Mit Einheitsquadraten ausmessen. Besonderheit halber Quadrate besprechen. 2 Formen mit vorgegebenem Flächeninhalt spannen. Anzahl der Einheitsquadrate bestimmen. 3 Beim Halbieren der Geobrettfläche möglichst systematisch vorgehen. Strategien besprechen.

4 Wie verändert sich der Flächeninhalt?

a) Aus ...   macht ...

4 a)

Es kommen
8 EQ hinzu.

b) Aus ...   macht ...   c) Aus ...   macht ...

d) Aus ...   macht ...   e) Aus ...   macht ...

5 Verändert die Figur. Verdoppelt den Flächeninhalt.
Findet verschiedene Lösungen. Zeichnet.

a)   b)   c)   d)

6 Verändert die Figur. Halbiert den Flächeninhalt.
Findet verschiedene Lösungen. Zeichnet.

a)   b)   c)   d)

7 Spannt eine Figur und zeichnet.

a) Verdoppelt den Flächeninhalt.   b) Halbiert den Flächeninhalt.

4 Veränderung des Flächeninhaltes durch (systematisches) Spannen oder zeichnerisch lösen. Lösungen entsprechend der Schülerlösung dokumentieren. **5–7** Flächeninhalt der bzw. eigener Formen verdoppeln bzw. halbieren. Möglichst verschiedene Lösungen finden und zeichnen (KV).

Einführung der schriftlichen Subtraktion

714 − 528

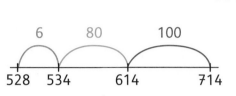

6   80   100

528   534   614   714

H	Z	E
7	1	4
− 5	2	8
	1	1
1	8	6

Ich ergänze schriftlich von unten nach oben. Erst zum Einer, dann zum Zehner, dann zum Hunderter.

Ich ergänze schrittweise. Erst passend zum Einer, dann zum Zehner, dann zum Hunderter.

Noah

Lena

○ **1** Wie rechnet Anna? Beschreibt.

Anna vergleicht den Kilometerzähler am Anfang des Monats und am Ende des Monats. Wie viele km ist Anna gefahren?

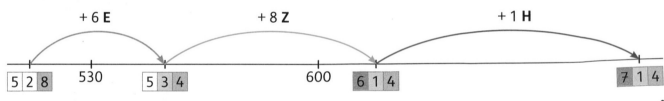

+6 **E**   +8 **Z**   +1 **H**

| 5 | 2 | 8 | 530 | 5 | 3 | 4 | 600 | 6 | 1 | 4 | | 7 | 1 | 4 |

Erst zum passenden Einer ergänzen. Also 6 Einer weiter. 528 + 6 = 534. Der Zehner wird überschritten.

Dann zum passenden Zehner ergänzen. Also 8 Zehner weiter. 534 + 80 = 614 . Der Hunderter wird überschritten.

Dann zum passenden Hunderter ergänzen. Also 1 Hunderter weiter. 614 + 100 = 714.

Anna

5 2 8 + 6 = 5 3 4   5 3 4 + 8 0 = 6 1 4   6 1 4 + 1 0 0 = 7 1 4

● **2** Ergänze passend am Rechenstrich. Erst zum Einer, dann zum Zehner, dann zum Hunderter.

Tacho Start   Tacho Ziel

a) 6 6 1   9 4 8

b) 1 3 7   6 5 4

c) 2 9 8   7 1 4

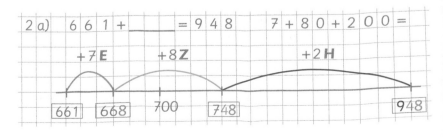

2 a) 6 6 1 + [   ] = 9 4 8   7 + 8 0 + 2 0 0 =

+7 **E**   +8 **Z**   +2 **H**

661   668   700   748   948

1, 2 Vorbereitung der schriftlichen Subtraktion (Auffüllverfahren) durch stellenweises Ergänzen am Zähler. Auf Weiterspringen der nächsten Stelle jeweils achten (evtl. KV für Zählermodell nutzen). Veranschaulichung am Rechenstrich (Überschreiten des Zehners und Hunderters verdeutlichen) und schrittweises Ergänzen zum passenden Stellenwert.

Schriftliche Subtraktion: Auffüllen

○ **3** Beschreibe.

572 – 149 =

Rechne
149 + ___ = 572.

Start Ziel
| 1 | 4 | 9 | | 5 | 7 | 2 |

H	Z	E
5	7	2
– 1	4	9

Schritt 1:
Ergänze zum
passenden Einer.

+3 **E**

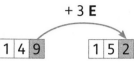

H	Z	E
5	7	2
– 1	4	9
	1	
		3

Von 9 weiter bis 2 geht
nicht, also über 10 bis 12:
Also 9 + **3** = 12.
Der Zehner wird **1** größer.
Schreibe **3**, übertrage **1**.

Schritt 2:
Ergänze zum
passenden Zehner.

+2 **Z**

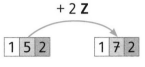

H	Z	E
5	7	2
– 1	4	9
	1	
	2	3

Von 5 weiter bis 7:
Also 5 + **2** = 7.
Der Hunderter
bleibt gleich.
Schreibe **2**.

Schritt 3:
Ergänze zum
passenden Hunderter.

+4 **H**

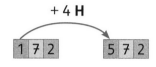

H	Z	E
5	7	2
– 1	4	9
	1	
4	2	3

Von 1 weiter bis 5:
Also 1 + **4** = 5

Schreibe **4**.

Schriftlich subtrahieren:
Ergänze erst zum Einer,
dann zum Zehner,
dann zum Hunderter.
Achte auf die Überträge.

```
  H Z E
  5 7 2
– 1 4 9
    1
  4 2 3      Übertrag
```

Sprich kurz:
9 + **3** = 12   Schreibe **3**, übertrage **1**
5 + **2** = 7   Schreibe **2**
1 + **4** = 5   Schreibe **4**

● **4** Rechne schriftlich. Vergleiche.

a)
H Z E
9 5 8
– 3 4 6

H Z E
9 5 8
– 3 5 6

H Z E
9 5 8
– 3 6 6

b)
H Z E
8 9 5
– 1 8 9

H Z E
8 9 5
– 1 9 9

H Z E
8 9 5
– 2 0 9

c)
H Z E
4 6 1
– 3 0 1

H Z E
4 6 1
– 2 9 0

H Z E
4 6 1
– 1 7 9

d)
H Z E
5 4 3
– 2 5 6

H Z E
5 3 3
– 1 5 6

H Z E
5 2 3
–   5 6

○ **5** Rechne schriftlich. Schreibe stellengerecht untereinander.

a) 841 – 208

```
5 a)   8 4 1
     – 2 0 8
           1
       6 3 3
```

b) 704 – 128

c) 1000 – 125

d) 709 – 659

e) 610 – 73

f) Finde weitere Aufgaben.

3–5 Schriftliche Subtraktion als Auffüllverfahren aus dem stellenweisen Ergänzen am Zähler entwickeln und erklären mithilfe der Stellentafel. Übertrag als „Weiterspringen" der nächsten Stelle erklären. Die Sprech- und Schreibweise verdeutlichen und üben (Abziehverfahren alternativ auf S. 142 f; Erweiterungsverfahren alternativ als KV).

Schriftlich subtrahieren

✳ 1 Wählt immer zwei Zahlen aus. Schreibt stellengerecht untereinander und rechnet schriftlich.

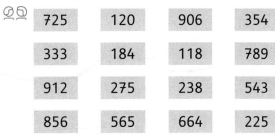

725	120	906	354
333	184	118	789
912	275	238	543
856	565	664	225

größer als 500	zwischen 400 und 500	kleiner als 400
725 − 184		

Max

700 − 200 sind 500. Also ist diese Differenz auf jeden Fall größer als 500.

Die Differenz soll ...

a) ... größer als 500 sein.

b) ... zwischen 400 und 500 liegen.

c) ... kleiner als 400 sein.

d) Findet weitere passende Aufgaben.

○ 2 Schriftliche Subtraktion mit Nullen.

a) 703 − 301 b) 504 − 304 c) 802 − 307 d) 503 − 165 e) 403 − 258 f) 600 − 191 g) 720 − 309

◐ 3 Rechne und vergleiche die Differenzen. Was fällt dir auf?

a) 654 − 135   654 − 519 b) 543 − 216   543 − 327 c) 390 − 167   390 − 223

d) 456 − 217   456 − 239 e) 849 − 567   849 − 282 f) 615 − 241   615 − 374

○ 4 Schreibe stellengerecht untereinander und rechne schriftlich. Kontrolliere mit der Probe.

a) 748 − 407
   437 − 165

b) 611 − 404
   257 − 119

c) 164 − 87
   144 − 95

d) 581 − 282
   383 − 84

e) 418 − 132
   247 − 87

f) 307 − 218
   415 − 127

Wir kontrollieren das Ergebnis mit der Probe.

Wir rechnen die Umkehraufgabe.

748 − 407 = 341

341 + 407 = 8...

Sophie   Ben

1 Aufgaben mit vorgegebenen Eigenschaften finden. Sprech- und Schreibweise vertiefen. 2 Das Rechnen mit der Null bewusst in den Blick nehmen. 3 Aufgaben stellengerecht notieren und erklären, warum die Differenz mit dem Subtrahenden der Partneraufgabe übereinstimmt. 4 Umkehraufgabe als Probe durchführen. Beide Rechnungen vergleichen.

Findet Aufgaben mit Ziffernkarten.

Die Aufgabe ist einfach. — Esra

Wenn wir 6 und 5 tauschen, wird die Differenz kleiner. — Marta

$$346 - 125 = 221$$

* **5** Legt mit den Ziffernkarten zwei dreistellige Zahlen.   0 1 2 3 4 5 6 7 8 9

😊😊 Findet Aufgaben ...

    a) ... mit einer möglichst kleinen Differenz.

    b) ... mit einer möglichst großen Differenz.

● **6** Legt mit den 6 Ziffernkarten Aufgaben.   1 2 3 4 5 6

😊😊 Findet verschiedene Möglichkeiten ...

    a) ... mit der Differenz 111 (333).

    b) ... mit einer Differenz möglichst nah an 222 (444).

6 a)
$$\begin{array}{r} 6\ 4\ 2 \\ -\ 5\ 3\ 1 \\ \hline 1\ 1\ 1 \end{array}\qquad\begin{array}{r} \\ \\ \hline 1\ 1\ 1 \end{array}$$

● **7** Spielt **„Ziffernkarten ziehen"**.

😊😊 Ihr benötigt zweimal die Ziffernkarten von 0 – 9.
    Jeder legt eine 9 an die Hunderterstelle der 1. Zahl.
    Zieht abwechselnd eine Karte.
    Bildet zwei dreistellige Zahlen.
    Entscheidet nach jedem Zug, an welche Stelle
    ihr eure Ziffernkarte legt.

0 1 2 3 4 5 6 7 8 ~~9~~
0 1 2 3 4 5 6 7 8 ~~9~~

Die lege ich hier an die Hunderterstelle.

    a) **„Möglichst klein (groß)"**.
       Es gewinnt die kleinste (größte) Differenz.

    b) **„Möglichst nah an 500"**.
       Es gewinnt die Differenz, die näher an 500 liegt.

    c) Vergleicht.
       Die Kinder spielen **„Möglichst nah an 500"**.

Kai
$$\begin{array}{r} 9\ 8\ 5 \\ -\ 5\ 1\ 4 \\ \hline \end{array}\qquad\begin{array}{r} 9\ 1\ 0 \\ -\ \ \ 8\ 7 \\ \hline \end{array}$$ Paul

Anna
$$\begin{array}{r} 9\ 6\ 3 \\ -\ 4\ 3\ 0 \\ \hline \end{array}\qquad\begin{array}{r} 9\ 2\ 6 \\ -\ 4\ \ \ 5 \\ \hline \end{array}$$ Mila

Mit welcher Ziffernkarte gewinnt Paul?   Mit welchen Ziffernkarten gewinnt Mila?

5 – 7 Übungen zur schriftlichen Subtraktion mithilfe von Ziffernkarten. Erkundungen zur Veränderung der Differenzen durch geschickte Wahl der Ziffern. **5** Einfache und schwierigere Aufgaben unterscheiden. **6** Aufgaben zu einer bestimmten Differenz finden und vergleichen. **7** Erkenntnisse im Spiel sichern und anwenden.

99

Übungen zur schriftlichen Subtraktion

✳ **1** Rechnet Minustürme. Wie lang werden die Türme? ⌐0⌐1⌐2⌐3⌐4⌐5⌐6⌐7⌐8⌐9⌐

👥 1. Wählt 3 Ziffernkarten.

2. Bildet die größte Zahl und ihre Umkehrzahl. Berechnet die Differenz.

3. Bildet mit den Ziffern der Differenz immer wieder eine neue Aufgabe, bis sich Aufgaben wiederholen.

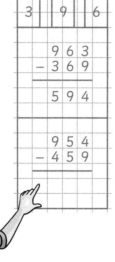

Die Differenz oben ist 594, also die Ziffern 4, 5 und 9. Die nächste Aufgabe ist dann 954 – 459.

Eric

3	9	6

```
  9 6 3
– 3 6 9
───────
  5 9 4
```

```
  9 5 4
– 4 5 9
───────
```

3	2	1

```
  3 2 1
– 1 2 3
───────
```

Haben unsere Minustürme gleich viele Stockwerke?

Ina

a) Findet Minustürme mit verschiedenen Zahlen. Was fällt euch auf?

b) Findet Minustürme mit möglichst vielen Stockwerken.

c) Findet Minustürme mit möglichst wenigen Stockwerken.

2 Rechne und vergleiche.

a)
```
  987      888      987
–  99     –  99     – 198
─────     ─────     ─────
```

b)
```
  876      777      876
–  99     –  99     – 198
─────     ─────     ─────
```

c)
```
  765      666      765
–  99     –  99     – 198
─────     ─────     ─────
```

d)
```
  753      555      753
– 198     – 198     – 396
─────     ─────     ─────
```

e)
```
  864      666      864
– 198     – 198     – 396
─────     ─────     ─────
```

f)
```
  975      777      975
– 198     – 198     – 396
─────     ─────     ─────
```

3 Rechne schriftlich und schreibe stellengerecht untereinander. Was fällt dir auf?

a) 999 – 210

888 – 210

777 – 210

666 – 210

555 – 210

b) 999 – 321

888 – 321

777 – 321

666 – 321

555 – 321

c) 999 – 234

888 – 234

777 – 234

666 – 234

555 – 234

d) 999 – 246

888 – 246

777 – 246

666 – 246

555 – 246

1 Minustürme aus Ziffernkarten bilden. Mit den Ergebnissen weiterrechnen, bis 495 als Differenz herauskommt. Eine Rechnung bildet stets ein Stockwerk. (Beschreibungshilfen anbieten wie: bleibt gleich, Zehnerstelle, Einer und Hunderter). **2, 3** Muster in den Aufgaben beschreiben und erklären.

○ 4 Findet die Fehler.
◌◌ Was sollen die Kinder beim Rechnen beachten?

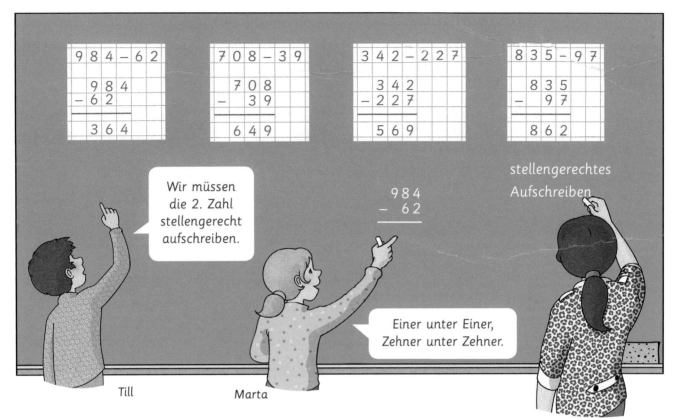

○ 5 Schöne Päckchen. Setze fort. Was fällt dir auf? Beschreibe und erkläre.

a)
```
  700        690        680        670
- 501      - 502      - 503      - 504
_____      _____      _____      _____
```

Die 1. Zahl wird immer 10 kleiner und
die 2. Zahl wird immer 1 größer. Also
wird der Unterschied immer 11 kleiner.

b)
```
  610        619        628        637
- 401      - 412      - 423      - 434
_____      _____      _____      _____
```

c)
```
  801        810        819        828
- 610      - 619      - 628      - 637
_____      _____      _____      _____
```

d)
```
  164        275        386        497
-  87      -  98      - 109      - 120
_____      _____      _____      _____
```

● 6 Finde die fehlenden Ziffern und beschreibe dein Vorgehen.
Achte auf die Überträge.

a)
```
  8 9 ■        7 ■ 6
- 3 6 1      - 3 1 2
_____      _____
  5 3 5        4 1 4
```

b)
```
  5 6 4        8 9 4
- 3 6 ■      - 6 ■ 2
_____      _____
  2 0 3        2 8 2
```

c)
```
  6 2 4        8 ■ 4
- 2 ■ 5      - 3 8 ■
_____      _____
  4 1 9        4 4 4
```

4 Bewusstheit für typische Fehler erlangen, Fehler beschreiben. 5 Schöne Päckchen ausrechnen und Zusammenhänge mit Forschermitteln darstellen, beschreiben und begründen. 6 Subtraktionsverfahren vertiefen.

101

■ (K A D) → Arbeitsheft Seite 62 → Förderheft, Seite 73

Mit Längen rechnen

Ungefähre Tauchtiefen von Pinguinen

Die meisten Pinguine leben am Südpol. Sie sind gute Schwimmer und Taucher. Im Meer finden sie Tintenfische, Krebse und Fische zum Fressen. Pinguine können unterschiedlich tief tauchen.

Kaiserpinguine
sind die Könige der Taucher.
Tauchtiefe: 534 m
Gewicht: 40 kg

Felsenpinguine
Tauchtiefe: 100 m
Gewicht: 3 kg 500 g

Zwergpinguine
Tauchtiefe: 30 m
Gewicht: 1 kg 500 g

Königspinguine
Tauchtiefe: 343 m
Gewicht: 14 kg

Brillenpinguine
Tauchtiefe: 128 m
Gewicht: 4 kg

1 a) Tauchtiefen von Pinguinen. Erzählt und ordnet.
   b) Zeichnet die Tauchtiefen in ein Säulendiagramm ein.

2 Vergleicht die Tauchtiefen und berechnet die Unterschiede zwischen ...
   a) ... Kaiserpinguin und Königspinguin.
   b) ... Kaiserpinguin und Brillenpinguin.
   c) ... Zwergpinguin und Brillenpinguin.
   d) ... ___ und ___ .

1 b)

| | KP | FP | BP | ZP | KöP |
| | | | | | | Pinguin |

100
200
300
400
500

KP = Kaiserpinguin, FP = Felsenpinguin,
BP = Brillenpinguin, ZP = Zwergpinguin,
KöP = Königspinguin

Tauchtiefe in m

3 Zur Futtersuche führen Königspinguine am Tag bis zu 150 Tauchgänge durch.
Die Tauchtiefen verändern sich mit den Tageszeiten.
Die Tabelle zeigt, wie tief die Pinguine zu den verschiedenen Tageszeiten tauchen können.

Uhrzeit	zwischen 0 – 4 Uhr	zwischen 4 – 8 Uhr	zwischen 8 – 12 Uhr	zwischen 12 – 16 Uhr	zwischen 16 – 20 Uhr	zwischen 20 – 24 Uhr
Königspinguin	37 m	189 m	197 m	343 m	286 m	39 m

a) Zeichnet die verschiedenen Tauchtiefen in ein Säulendiagramm ein.

b) Vergleicht die Tauchtiefen der Pinguine und berechnet die Unterschiede.

✽ 4 Sucht in Büchern oder im Internet nach anderen interessanten Tauchtiefen.
Vergleicht und rechnet ebenso.

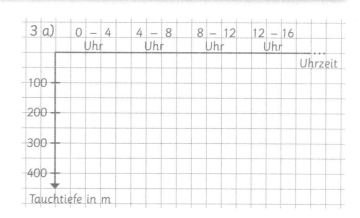

3 a)

| 0 – 4 Uhr | 4 – 8 Uhr | 8 – 12 Uhr | 12 – 16 Uhr |
| | | | | ... Uhrzeit |

100
200
300
400

Tauchtiefe in m

1, 2 Informationen der Pinnwand entnehmen und gemeinsam besprechen, unbekannte Begriffe klären. Tauchtiefen im Säulendiagramm darstellen und Differenzen ermitteln. **3** Tauchtiefen im Verhältnis zu den Tageszeiten interpretieren. Je heller, desto tiefer tauchen die Pinguine. **4** Eigene Daten recherchieren und darstellen.

■ (K, M, D)

Gebäude in Deutschland
Der Berliner Fernsehturm ist das höchste Gebäude in Deutschland.

Leuchtturm Amrum
Turmhöhe: 42 m
Stufen: 297

Leuchtturm Norderney
Turmhöhe: 60 m
Stufen: 252

Ulmer Münster
Turmhöhe: 162 m
Stufen: 768

Kölner Dom
Turmhöhe: 157 m
Stufen: 533

Fernsehturm Stuttgart
Höhe: 217 m
Stufen: 762
bis zur Aussichtsplattform

Fernsehturm Berlin
Höhe: 368 m
Stufen: 986
(für den Notfall),
Aufzug bis zur
Aussichtsplattform

5 a) Höhen von Gebäuden in Deutschland.
Erzählt und ordnet.

b) Zeichnet die Höhen der Gebäude
in ein Säulendiagramm ein. Vergleicht.

5 b) Höhe in m
400
300
200
100
LTA   LTN   ... Gebäude

6 Vergleicht die Anzahlen der Stufen und
berechnet die Unterschiede zwischen ...

a) ... Fernsehturm Stuttgart und
Fernsehturm Berlin.

b) ... Kölner Dom und Ulmer Münster.

c) ... Leuchtturm Amrum und
Leuchtturm Norderney.

d) ... ___ und ___.

e) Wie hoch ist eure Schule?
Wie viele Stufen sind in eurer Schule?

7 Gebäude in Europa. Vergleicht die Höhen und berechnet die Unterschiede.

Eiffelturm,
Paris (Frankreich)
324 m

Petersdom,
Rom (Italien)
137 m

Sagrada Familia,
Barcelona (Spanien)
172 m

Elizabeth Tower (Big Ben),
London (Großbritannien)
96 m

a) Zeichnet die Höhen der Gebäude in ein Säulendiagramm ein.

b) Vergleicht die Höhen der Gebäude und berechnet die Unterschiede.

5–7 Analog zu 1–4 bearbeiten. In Büchern oder im Internet Informationen zu weiteren interessanten Bauwerken suchen und damit ebenso rechnen. **5** Abkürzungen mit den Kindern besprechen.

103

Ich kann Zahlen schriftlich subtrahieren.
Ich kann Subtraktionsaufgaben mit der Umkehraufgabe kontrollieren.

○ **1** Rechne schriftlich.

a) 447
  − 125

b) 608
  − 306

c) 562
  − 42

d) 403
  − 47

e) 432
  − 56

f) 846
  − 567

○ **2** Rechne schriftlich und vergleiche.

a) 364   364   364   364
  − 146   − 157   − 168   − 179

b) 601   702   803   904
  − 427   − 327   − 227   − 127

c) 207   216   225   234
  − 107   − 117   − 127   − 137

d) 166   255   344   433
  − 89   − 178   − 267   − 356

○ **3** Rechne schriftlich. Schreibe stellengerecht untereinander.
Kontrolliere: Rechne zur Probe die Umkehraufgabe.

a) 879 − 128
  704 − 128
  616 − 128

3 a)		8	7	9		Probe:		7	5	1
	−	1	2	8			+	1	2	8
		7	5	1				8	7	9

b) 581 − 282
  518 − 282
  508 − 282

c) 868 − 686
  858 − 585
  959 − 595

d) 1000 − 222
  1000 − 444
  1000 − 666

e) 625 − 218
  625 − 281
  625 − 291

○ **4** Welche Ziffern fehlen?

a) 7 8 5
  − 1 4 ■
  ───────
    6 4 3

b) 5 2 4
  − 4 1 ■
  ───────
    1 1 4

c) 5 4 8
  − ■ ■ 5
  ───────
    2 1 ■

d) 3 ■ 9
  − 2 3 9
  ───────
    ■ 1 0

e) 4 2 0
  − ■ ■ ■
  ───────
    1 9 8

○ **5** Rechne schriftlich. Finde Minusaufgaben.
Die Differenz soll ...

a) ... größer als 300 sein.

b) ... zwischen 200 und 300 liegen.

c) ... kleiner als 200 sein.

○ **6** Vergleiche und berechne die Unterschiede.

Der Olympiaturm in München ist 291 m hoch.
Der Fernmeldeturm in Bremen ist 236 m hoch.
Der Fernsehturm in Frankfurt ist 337 m hoch.

Wesentliche Aspekte des Kapitels noch einmal reflektieren.

→ Arbeitsheft Seite 62

Forschen und Finden: Umkehrzahlen

Umkehrzahlen

1. Wähle 3 Ziffern und bilde eine dreistellige Zahl.
2. Bilde mit den Ziffern die Umkehrzahl.
3. Berechne die Differenz.

3 4 7

743
− 347
‾‾‾‾‾

Ich bilde mit den Ziffern 3, 4 und 7 die Zahl 743.

Die Umkehrzahl ist dann 347. Die Einer werden die Hunderter und die Hunderter werden die Einer.

Marta

Lilly

❋ **1** Bildet eine dreistellige Zahl und die Umkehrzahl. Berechnet die Differenz.

   a) Findet verschiedene Aufgaben.

   b) Ordnet die Aufgaben nach den Ergebnissen. Was fällt euch auf?

● **2** Subtrahiert von den Zahlen die Umkehrzahlen.
   Wie verändern sich die Differenzen?

   a) 910, 911, 912, 913, 914, 915, 916, 917, 918, 919

   b) 810, 811, 812, 813, 814, 815, 816, 817, 818

   c) Wählt eigene Zahlen und verändert nur den Einer.

2 a)	9 1 0	9 1 1	9 1 2
	− 1 9	− 1 1 9	− 2 1 9

● **3** Subtrahiert von den Zahlen die Umkehrzahlen.
   Wie verändern sich die Differenzen?

   a) 201, 211, 221, 231 …

   b) 301, 311, 321, 331 …

   c) Wählt eigene Zahlen und verändert nur den Zehner.

3 a)	2 0 1	2 1 1	2 2 1
	− 1 0 2	− 1 1 2	− 1 2 2

● **4** a) Findet mehrere Aufgaben zu einem Ergebnis. Wie geht ihr vor? Erklärt.

   b) Leo findet Aufgaben zum Ergebnis 297. Wie geht er vor? Erklärt.

4 b)	421 − 124 = 300 − 3 = 297	532 − 235 = 300 − 3 = 297
	400 − 100 = 300	500 − 200 = 300
	20 − 20 = 0	30 − 30 = 0
	1 − 4 = − 3	2 − 5 = − 3

Leo

1 Notation der Aufgaben auf flexiblen Karten (z. B. Klebenotizzettel), Möglichkeit zum Ordnen; 9 verschiedene ̶ ̶ ̶ ̶ (Vielfache von 99). **2, 3** Muster ergründen: Der Unterschied zwischen den Hundertern und den ̶ ̶ ̶ ist ohne Wirkung. **4** Ergebnisse gezielt treffen.

105

Zeitpunkte: Uhrzeiten

Stundenzeiger · Sekundenzeiger

Welche Uhrzeit ist eingestellt?

Es ist 10.27 Uhr.

Minutenzeiger

Es könnte auch 22.27 Uhr sein.

Till · Lena

Eine Stunde hat 60 Minuten.
1 h = 60 min

Eine halbe Stunde hat 30 Minuten.
Eine Viertelstunde hat 15 Minuten.

---

1 Wie spät ist es? Schreibe beide Uhrzeiten auf.

a)

1 a)			1.	1	5	Uhr
		1	3.	1	5	Uhr

b)

c)

d)

e)

f)

g)

h)

2 Ein Zeiger fehlt. Wie spät kann es sein?

a)

2 a)	7.	1	5	Uhr
	8.	1	5	Uhr

b)

c)

In den Bundesländern werden die Zeiten unterschiedlich genannt.

Es ist viertel nach 7.
Es ist viertel 8.

Es ist halb 8.

Es ist viertel vor 8.
Es ist dreiviertel 8.

Besondere Uhrzeiten (verschiedene Schulstunden, Tagesablauf) an der Lernuhr einstellen, nennen und dazu erzählen. Abkürzung h vom lateinischen Wort *hora* erläutern. **1** Uhrzeiten ablesen und noti... an der Lernuhr einstellen und Zeit ablesen. Sprechweisen ...

○ **3** a) Beobachtet die Uhr. Zählt eine Minute lang
☺☺ die Sekunden mit.

b) Schließt die Augen und öffnet sie nach
5 s, 10 s, 60 s. Kontrolliert mit einer Uhr.

c) Wie viele Sekunden haben
1, 2, 3, ... , 10 Minuten?

| Eine Minute hat 60 Sekunden. | 1 min = 60 s | s = Sekunde |

● **4** Welche Uhrzeiten gehören zusammen?

a) `7:28 05`   b) `4:09 15`   c) `19:32 45`   d) `6:28 14`   e) `16:13 28`

1)   2)   3)    4)    5)

● **5** Wie lange ungefähr? Ordne die passende Zeitangabe zu.

a)    b)    c)    d)

Zähneputzen   Glas eingießen   Schulpause   50-m-Lauf

2 s   12 s   3 min   20 min

● **6** Wie viele Stunden und Minuten?

a) 85 min   b) 120 min   c) 185 min
   90 min   144 min   199 min
  102 min   170 min   220 min

6 a)   85 min = 1 h 25 min

● **7** Wie viele Minuten?

a) 1 h   3 min   b) 2 h   5 min
  1 h 15 min   2 h 48 min
  1 h 33 min   2 h 59 min

7 a)   1 h 3 min = 63 min

✳ **8** Erstellt Plakate.
☺☺

Ungefähr eine Minute   Ungefähr eine halbe Stunde   Ungefähr eine Stunde

3 Die Sekunde als Unterteilung der Minute kennenlernen. Zeitspannen abschätzen. 4 Analoge und digitale
Uhrzeiten miteinander vergleichen. 5 Zeitspannen vergleichen und zuordnen. 6, 7 Stunden, Minuten bestim-

107

Zeit: Zeitpunkte und Zeitspannen

1 Wie spät ist es …

a) … jetzt?  … 10 min später?
  … 20 min später?
  … 30 min später?
  … 60 min später?

b) … jetzt?  … 15 min später?
  … 30 min später?
  … 45 min später?
  … 60 min später?

1 a)   1 3. 4 5 Uhr,   1 3. 5 5 Uhr,

2 Wie viele Minuten fehlen bis zur vollen Stunde?
Löse mit einer Skizze oder mit der Uhr.

a) 7.28 Uhr   b) 16.49 Uhr

c) 20.35 Uhr   d) 5.05 Uhr

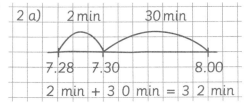

3 Wie viele Stunden und Minuten fehlen
bis 12.00 Uhr, 18.00 Uhr, 24.00 Uhr?

a) 8.59 Uhr   b) 9.45 Uhr

c) 10.15 Uhr   d) 11.44 Uhr

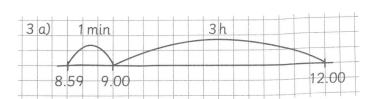

4 Die Kinder der Klasse 3a üben den Lauf über 800 m für das Deutsche Sportabzeichen.

Name	Murat	Leo	Ben	Finn
Zeit	4 min 35 s	3 min 25 s	5 min 2 s	3 min 58 s

Name	Sophie	Paula	Anna	Kim
Zeit	3 min 49 s	4 min 34 s	5 min 0 s	3 min 59 s

a) Wie viele Minuten und Sekunden war …

  … Murat schneller als Ben?

  … Leo schneller als Finn?

  … Sophie schneller als Paula?

  … Kim schneller als Anna?

b) Diese Zeiten müssen für ein Abzeichen mindestens erreicht werden:

Jungen (8−9 Jahre)			Mädchen (8−9 Jahre)		
Bronze	Silber	Gold	Bronze	Silber	Gold
5 min 25 s	4 min 40 s	3 min 55 s	5 min 35 s	4 min 50 s	4 min 10 s

Welches Abzeichen bekommen die Kinder?

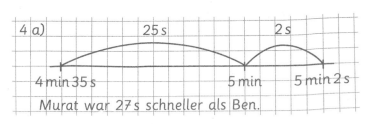

4 b)   Murat: Silber

     Leo:

1 Uhrzeiten ggf. an der Lernuhr einstellen und ablesen.   2, 3 Zeitspannen bis zu vollen Stunde bestimmen.
4 Sachaufgaben zu Zeitspannen.

Ein Tag hat 24 Stunden.

5

Datum	Sonnen-aufgang	Sonnen-untergang
21. Januar	8.25 Uhr	17.03 Uhr
21. Februar	7.34 Uhr	17.58 Uhr
21. März	6.32 Uhr	18.47 Uhr
21. April	6.24 Uhr	20.39 Uhr
21. Mai	5.32 Uhr	21.26 Uhr
21. Juni	5.15 Uhr	21.53 Uhr
21. Juli	5.40 Uhr	21.36 Uhr
21. August	6.27 Uhr	20.42 Uhr
21. September	7.17 Uhr	19.32 Uhr
21. Oktober	8.06 Uhr	18.26 Uhr
21. November	8.00 Uhr	16.35 Uhr
21. Dezember	8.35 Uhr	16.25 Uhr

Die Daten gelten für die Stadt Essen.

a) An welchem Datum geht die Sonne am frühesten auf? Wann am spätesten?

b) Wie lang ist es hell?
Gebt diese Zeitspannen in h und min an.
Sophie rechnet: 21. Januar

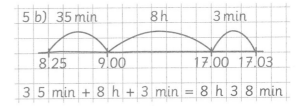

Finn rechnet: 21. Januar

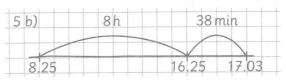

c) An welchem Tag ist es am längsten hell?

6 Einige Vögel beginnen im Frühling schon vor Sonnenaufgang zu singen.

Rotkehlchen
80 min vorher

Amsel
75 min vorher

Kohlmeise
50 min vorher

Singdrossel
45 min vorher

Star
15 min nachher

Um wie viel Uhr fangen die Vögel an, wenn um 6.00 Uhr die Sonne aufgeht? Berechnet jeweils den Zeitpunkt.

Entstehung von Tag und Nacht erläutern. **5, 6** Begriffe *Zeitspanne* und *Zeitpunkt* klären. Uhrzeiten aus der Tabelle ablesen. Ggf. Umstellung von Sommer- und Winterzeit klären. Mithilfe des Rechenstrichs Zeitspannen bzw. Zeitpunkte bestimmen.

Tabellen und Skizzen

○ **1** Geschwindigkeiten.

4 km pro Stunde

15 km pro Stunde

100 km pro Stunde

160 km pro Stunde

a) Lege eine Tabelle an.

1 a)		Fußgänger	Radfahrer	Auto	ICE
	1 h	4 km			
	2 h	8 km			
	...				
	6 h				

b) Vergleiche: Wie viele Kilometer legen ein ICE und ein Auto in 5 Stunden zurück?

c) Vergleiche: Wie viele Kilometer legen ein Radfahrer und ein Fußgänger in 5 Stunden zurück?

d) Die Entfernung zwischen Hamburg und München beträgt ungefähr 800 km. Wie lange braucht ein ICE für die Strecke? Wie lange braucht ein Auto?

e) Wie viele Kilometer legt ein Radfahrer in 10 Stunden zurück? Wie lange braucht ein Auto für die gleiche Entfernung?

f) Finde weitere Aufgaben.

○ **2** Wie viele Kilometer in 15 Minuten?

a) Frau Sommer fährt mit 120 km pro Stunde auf der Autobahn.
b) Herr Berg fährt mit 100 km pro Stunde auf der Autobahn.
c) Sophie fährt mit dem Fahrrad 12 km pro Stunde.
d) Ben läuft zu Fuß 4 km pro Stunde.

2 a)	1 h	1 2 0 km
	3 0 min	6 0 km
	1 5 min	

○ **3** Murat fährt mit dem Rad 40 km in 2 Stunden.
Lilly benötigt für 50 km 2 Stunden
und eine halbe Stunde.
Wer fährt schneller?

3) Murat		
4 0 km	2 h	
2 0 km		
1 0 km		
5 0 km		

1–3 Komplexere Sachaufgaben mit Entfernungen und Geschwindigkeiten lösen. Tabellen als Hilfsmittel nutzen und besprechen.

■ (P, K, A, M, D) → Arbeitsheft, Seite 67

4 Anton und Mila möchten sich treffen. Sie wohnen 650 m voneinander entfernt und starten gleichzeitig. Nach wie vielen Minuten treffen sie sich?

Anton läuft 70 m pro Minute.

Mila schafft 60 m pro Minute.

Wie rechnen die Kinder? Welche Tabelle oder Skizze ist hilfreich? Erklärt.

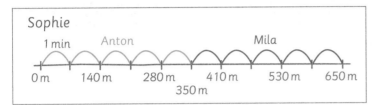

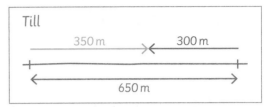

Esra

	Anton	Mila	Abstand
1 min	70 m	60 m	520 m
2 min	140 m	120 m	390 m
3 min	210 m	180 m	260 m
4 min	280 m	240 m	130 m
5 min	350 m	300 m	0 m

Metin

	Anton	Mila	zusammen
1 min	70 m	60 m	130 m
2 min	140 m	120 m	260 m
3 min	210 m	180 m	400 m
4 min	280 m	240 m	520 m
5 min	350 m	300 m	650 m

5 Rechnet mit einer Tabelle oder Skizze.

a) Paula und Leo möchten sich treffen. Sie wohnen 1 km 400 m voneinander entfernt und starten gleichzeitig. Nach wie vielen Minuten treffen sie sich?

Paula fährt mit dem Roller 150 m pro Minute.

Leo fährt mit dem Fahrrad 200 m pro Minute.

b) Familie König und Familie Otte möchten sich treffen. Sie wohnen 30 km voneinander entfernt. Sie starten gleichzeitig. Nach wie vielen Stunden und Minuten treffen sie sich?

Familie König fährt mit dem Fahrrad 8 km in 30 Minuten.

Familie Otte läuft zu Fuß 2 km in 30 Minuten.

6 Sophie, Esra und Eric verabreden sich um 15.30 Uhr an der Eisdiele.

	Sophie	Esra	Eric
Entfernung zur Eisdiele	1 km	900 m	300 m
Geschwindigkeit	250 m in der Minute	150 m in der Minute	50 m in der Minute

a) Wann muss jeder von zu Hause starten?

b) Nach dem Treffen geht Eric mit zu Esra. Wie viele Minuten braucht er für den Weg?

4–6 Komplexere Sachaufgaben mit Entfernungen und Geschwindigkeiten lösen. Skizzen und Tabellen als Hilfsmittel nutzen und besprechen.

111

Seitenansichten von Würfelgebäuden

Noah: Ich sehe vier Würfeltürme nebeneinander. Links steht ein Zweierturm.

Anna: Ich sehe zwei Würfeltürme nebeneinander. Rechts steht ein Dreierturm.

○ **1** Stellt die Würfel nach dem Bauplan auf.

Aus welcher Himmelsrichtung wurden die Seitenansichten gezeichnet? Erklärt.

Norden

4	1
2	1
1	3

Westen   **O**sten

Süden

1 a) Westen. Von Westen aus ist der Viererturm links und der Dreierturm ist rechts zu sehen.

a)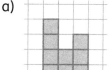

b)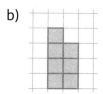

c)

d)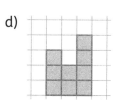

● **2** Baut Gebäude aus 10, 11 oder 12 Würfeln auf dem Plan.

Zeichnet den Bauplan und die Seitenansichten.

a)
N
W   O
S

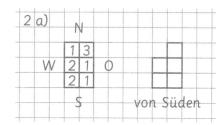
2 a)
N
W 1 3
   2 1 O
   2 1
S   von Süden

b)
N
W   O
S

c)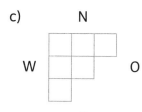
N
W   O
S

1 Gebäude nach dem Bauplan nachbauen (Unterlage nutzen, KV). Seitenansichten zuordnen. Vorab Himmelsrichtungen klären. Strategien besprechen: Wo steht der höchste Turm? Wie breit muss die Seitenansicht sein?

■ (K, D) → Arbeitsheft, Seite 68 → Förderheft, Seite 77

3 Stellt die Würfel nach dem Bauplan auf. Überprüft die Seitenansichten. Welche Seitenansicht gehört nicht zum Bauplan? Erklärt und zeichnet die richtigen Ansichten von allen Seiten.

a)

N

4	1
W	2	2	O
	3

S

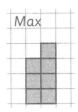
Max

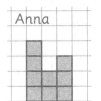
Anna

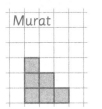
Murat

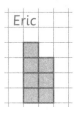
Eric

b)

N

	1
W	2	2	4	O
	3

S

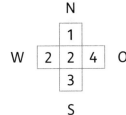
Till

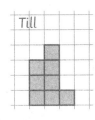
Eva

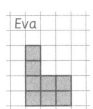
Leo

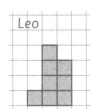
Ben

 4 Stellt die Würfel nach den Seitenansichten auf. Zeichnet den Bauplan.

a)

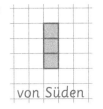
von Süden

von Norden

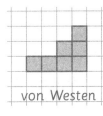
von Westen

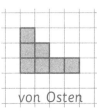
von Osten

b)

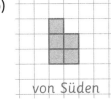
von Süden

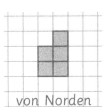
von Norden

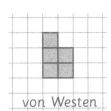
von Westen

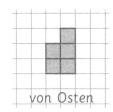
von Osten

5 Mehrere Gebäude passen zu diesen zwei Seitenansichten. Findet möglichst viele. Zeichnet die Baupläne.

a)

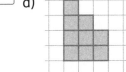
von Süden

von Westen

b)

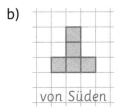
von Süden

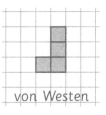
von Westen

c)

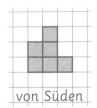
von Süden

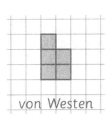
von Westen

d)

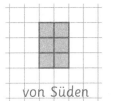
von Süden

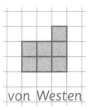
von Westen

3 Gebäude nach Bauplan nachbauen. Dann alle vier Seitenansichten prüfen, richtige Ansicht zeichnen.
4 Gebäude nachbauen. Klären, warum es in b) mehrere, aber in a) nur eine Lösung gibt. **5** Gebäude finden, die diese zwei Seitenansichten haben. Wie viele Würfel braucht man höchstens/mindestens?

■ (P, K, D) → Arbeitsheft, Seite 68 → Förderheft, Seite 77

Körper und Flächen

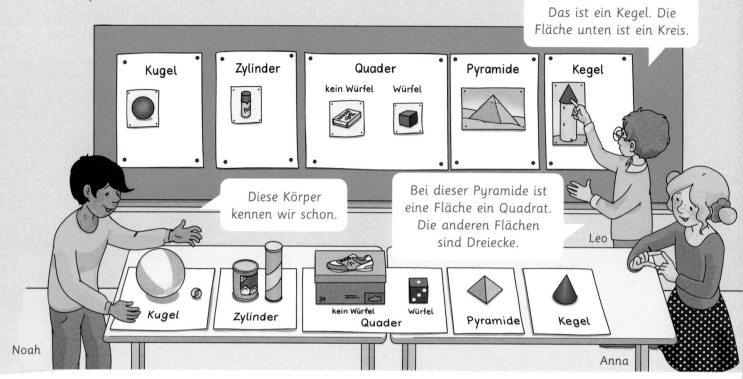

○ **1** Findet Gegenstände zu den Körpern.

Flächen: Rechteck ■ Quadrat ■ Kreis ● Dreieck ▲

○ **2** Welche Körper sind es? Welche Flächen erkennst du?

2 a)	Würfel
	6 Quadrate

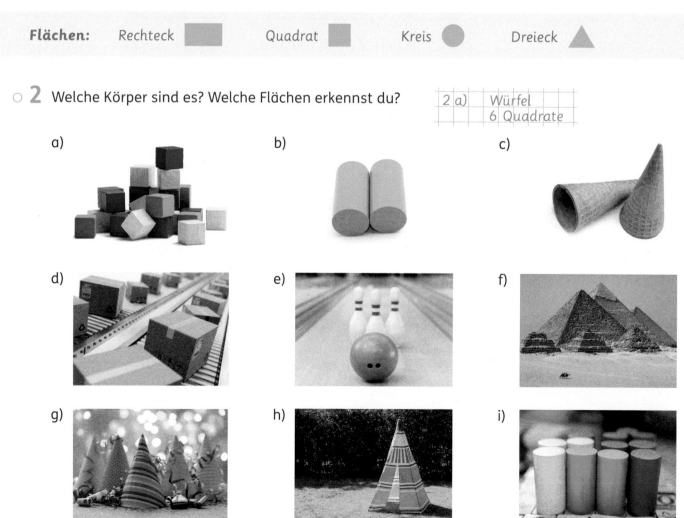

a)

b)

c)

d)

e)

f)

g)

h)

i)

1 Pyramide, Kegel, evtl. auch Zylinder, Kugel, Quader und Würfel im Klassenzimmer oder in Zeitungen sammeln. Plakate entsprechend der Einstiegsillustration erstellen. **2** Form der Alltagsgegenstände benennen, dabei Eigenschaften der Körper zur Erklärung heranziehen (Flächen, Ecken).

■ (D) → Arbeitsheft, Seite 69

○ **3** Baut Körper.

● **4** Trennt Würfel, Quader, Zylinder und Pyramiden auf. Welche Flächen entstehen?

Wir trennen einen Quader auf.

Ich sehe 6 Rechtecke. Immer 2 sind gleich.

Eva   Mila

Körper	Flächen
Quader	6 Rechtecke

● **5** Unvollständige Netze. Welche Fläche fehlt? Zeichnet mit dem Lineal.

Findet verschiedene Lösungen.

a)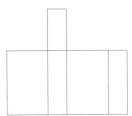

b)

c)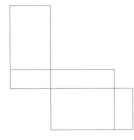

d)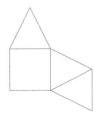

e)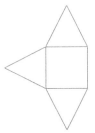

f)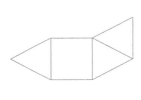

❊ **6** Welcher Körper ist es?

a)
Lilly

Der Körper hat 6 Flächen. Alle Flächen sind Rechtecke.

b)
Max

Eine Fläche des Körpers ist ein Quadrat. Die anderen sind Dreiecke.

c)
Eva

Eine Fläche ist ein Kreis.

d) Findet weitere Rätsel zu Körpern.

3 Körper nachbauen (KV benutzen). **4** Körper, z. B. Verpackungen oder aus KV gebastelt, mitbringen. Auftrennen lassen, Anzahl und Form der Flächen bestimmen. Ergebnisse sammeln. **5** Angefangene Netze vervollständigen und zeichnen, evtl. KV nutzen. Strategien gemeinsam besprechen. **6** Rätsel lösen und eigene schreiben.

■ (P, K, D) → Arbeitsheft, Seite 69

Aufgaben vergleichen

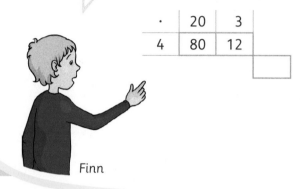

4 · 23 ist sicher größer als 80, denn 4 · 20 ist ja schon gleich 80.

·	20	3
4	80	12

Finn

Dann ist 5 · 23 auch größer als 100.

4 · 23 ⬤ 80
5 · 23 ⬤ 100

Ina

○ **1** Vergleiche. < oder > oder =?

a) 4 · 23 ⬤ 80
   5 · 23 ⬤ 100

b) 8 · 40 ⬤ 320
   8 · 41 ⬤ 330

c) 120 ⬤ 6 · 19
   100 ⬤ 5 · 19

d) 405 ⬤ 10 · 45
   450 ⬤ 10 · 45

○ **2** Welche Zahlen passen? Probiere. | 0 | 1 | 2 | 3 | 4 | 5 | 6 | 7 | 8 | 9 |

a) ■ · 40 < 250
   ■ · 80 < 500

2 a)	■ · 4 0 < 2 5 0
	0, 1, 2, 3, 4, 5, 6

b) ■ · 30 > 150
   ■ · 90 > 300

c) ■ · 50 < 250
   ■ · 100 < 500

✳ **3** Findet passende Malaufgaben. Das Ergebnis ist ...

a) ... gleich 240.

3 a)	4 · 6 0 = 2 4 0
	3 · 8 0 = 2 4 0

b) ... zwischen 300 und 500.
c) ... kleiner als 120.
d) ... größer als 640.

✳ **4** Zahlenrätsel: Wie heißt die Zahl?

a) Wenn ich meine Zahl mit 10 multipliziere, ist das Produkt kleiner als 75 und größer als 65.

b) Wenn ich meine Zahl mit 30 multipliziere, ist das Produkt größer als 130 und kleiner als 160.

c) Wenn ich meine Zahl mit 40 multipliziere, ist das Ergebnis gleich dem Produkt aus 4 und 80.

Mila: 4 a)	· 10	6 6, 6 7, 6 8, 6 9
■ ⟶		7 0
		7 1, 7 2, 7 3, 7 4

Ben: 4 a)   1 0, 2 0, 3 0, 4 0, 5 0, 6 0, ⬭7 0⬯, 8 0

d) Findet weitere Zahlenrätsel.

1 Aufgaben vergleichen und in Beziehung zueinander bringen.   **2** Passende Zahlen finden, untereinander stehende Aufgaben vergleichen.   **3, 4** Rätsel gegenseitig stellen und lösen. Lösungsweg ggf. darstellen.

■ (P, K)   → Arbeitsheft, Seite 70

Gleichungen und Ungleichungen

5 Vergleiche. < oder > oder =?

a) 120 : 4 ⬤ 40
   120 : 4 ⬤ 30
   120 : 4 ⬤ 20

b) 70 : 7 ⬤ 12
   77 : 7 ⬤ 12
   84 : 7 ⬤ 12

c) 60 ⬤ 300 : 6
   60 ⬤ 360 : 6
   60 ⬤ 420 : 6

d) 50 ⬤ 400 : 80
   50 ⬤ 400 : 8
   5 ⬤ 40 : 8

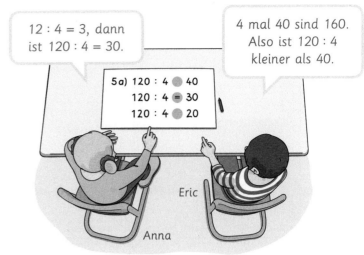

12 : 4 = 3, dann ist 120 : 4 = 30.

4 mal 40 sind 160. Also ist 120 : 4 kleiner als 40.

5a) 120 : 4 ⬤ 40
    120 : 4 = 30
    120 : 4 ⬤ 20

Eric

Anna

6 Ordne die Aufgaben zu.

| 300 : 5 | 240 : 4 | 240 : 40 | 540 : 90 | 560 : 8 | 240 : 80 |

| 30 : 6 | 300 : 3 | 18 : 3 | 180 : 3 | 480 : 80 | 240 : 3 |

Das Ergebnis ist …

a) … kleiner als 6.   b) … gleich 6.   c) … gleich 60.   d) … größer als 60.

6a) 30 : 6 < 6

e) Finde weitere Aufgaben, die zu den Ergebnissen passen.

7 Welche Rechenzeichen passen? Setze +, −, · oder : ein.

a) 12 ⬤ 6 = 18
   12 ⬤ 6 = 2
   12 ⬤ 6 = 72
   12 ⬤ 6 = 6

7a) 12 + 6 = 18
    12 : 6 = 2
    12 · 6 = 72
    12 − 6 = 6

b) 80 ⬤ 8 = 10
   80 ⬤ 8 = 640
   80 ⬤ 8 = 88
   80 ⬤ 8 = 72

c) 120 ⬤ 4 = 124
   120 ⬤ 4 = 30
   120 ⬤ 4 = 480
   120 ⬤ 4 = 116

d) 200 ⬤ 5 = 1000
   200 ⬤ 5 = 195
   200 ⬤ 5 = 40
   200 ⬤ 5 = 205

e) 140 ⬤ 7 = 20
   140 ⬤ 7 = 133
   140 ⬤ 7 = 980
   140 ⬤ 7 = 147

f) Finde weitere Aufgaben.

8 Vergleiche die Aufgaben und erkläre. < oder > oder =?

a) 6 · 16 ⬤ 3 · 36
   6 · 17 ⬤ 3 · 36

b) 36 · 4 ⬤ 18 · 6
   36 · 6 ⬤ 18 · 8

c) 250 : 10 ⬤ 50 : 2
   240 : 10 ⬤ 120 : 2

d) 200 : 4 ⬤ 800 : 8
   400 : 4 ⬤ 800 : 8

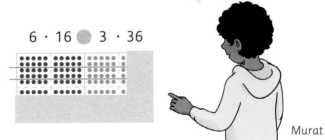

6 · 16 = 3 · 32, also ist 6 · 16 < 3 · 36.

6 · 16 ⬤ 3 · 36

Murat

5–8 Aufgaben mit Ergebnissen und mit anderen Aufgaben vergleichen. Beziehungen zwischen den Aufgaben beschreiben und nutzen.

 117

■ (P, K, A, D) → Arbeitsheft, Seite 70

Multiplizieren und Dividieren

1 Vergleicht die Rechenketten.

a) Immer mal 6.

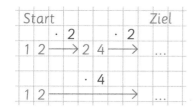

b) Immer mal 4.

c) Immer mal 5.

d) Wähle weitere Startzahlen.

Immer mal 6.   Immer mal 4.   Immer mal 5.

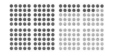

1 Zerlegungen der Multiplikation. Vertiefung der Beziehungen zwischen Multiplikationsaufgaben beim Einmaleins und Zehnereinmaleins (KV).

■ (K, A) → Arbeitsheft, Seite 71

2 Mit Rechenketten geschickt dividieren. Startzahl: 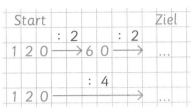 120

 a) Immer durch 6. b) Immer durch 4. c) Immer durch 5.

Start			Ziel
	: 2	: 3	
1 2 0	→ 6 0	→	...
		: 6	
1 2 0		→	...

Start			Ziel
	: 2	: 2	
1 2 0	→ 6 0	→	...
		: 4	
1 2 0		→	...

Start			Ziel
	· 2	: 10	
1 2 0	→ 2 4 0	→	...
		: 5	
1 2 0		→	...

d) Rechnet ebenso mit den Startzahlen 180 240 420 .

3 Welche langen Rechenketten treffen die Zielzahl? Begründet.

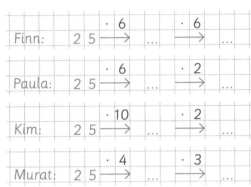

a) 25 $\xrightarrow{\cdot 12}$ 300

b) 55 $\xrightarrow{\cdot 16}$ 880

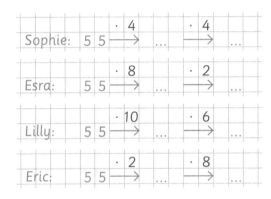

4 Immer das gleiche Ergebnis. Begründet.

a) 9 · 5
  90 : 2

Mal 10 und dann geteilt durch 2 ist das Gleiche wie mal 5.

Leo

b) 8 · 5   c) 40 · 5
  80 : 2   20 · 10

d) 50 · 5   e) 300 : 10
  25 · 10   150 : 5

5 Zahlenrätsel. Wie heißt die Zahl?

a)
Wenn ich meine Zahl erst mit 3 multipliziere und das Ergebnis mit 2 multipliziere, erhalte ich 66.

Eva:	5 a)		· 3		· 2	
			... →	...	→	6 6

Pia: 5 a) 6 6 : 2 = 3 3 und 3 3 : 3 =

b)
Wenn ich meine Zahl erst mit 10 multipliziere und das Ergebnis durch 2 teile, erhalte ich 75.

c)
Wenn ich meine Zahl erst mit 2 multipliziere und das Ergebnis durch 10 dividiere, erhalte ich 25.

d) Findet eigene Rätsel.

2 Zerlegungen der Division und Beziehungen zum Rechnen nutzen. **3** Vergleich von Rechenketten. Typische Fehler der multiplikativen Zerlegung bewusst erkennen. **4** Vertiefung der Beziehung zwischen x · 5 und (x · 10) : 2. **5** Rätsel auf unterschiedliche Weisen (z. B. mithilfe von Rechenketten) lösen und erfinden.

119

(P. K. A) → Arbeitsheft, Seite 71

Rechenwege bei der Division

1 Sammelbilder. In einem Tütchen sind immer 6 Bilder.

Tom hat 216 Bilder gesammelt. Wie viele Tütchen hat er gekauft?

Wie haben die Kinder gerechnet? Erklärt.

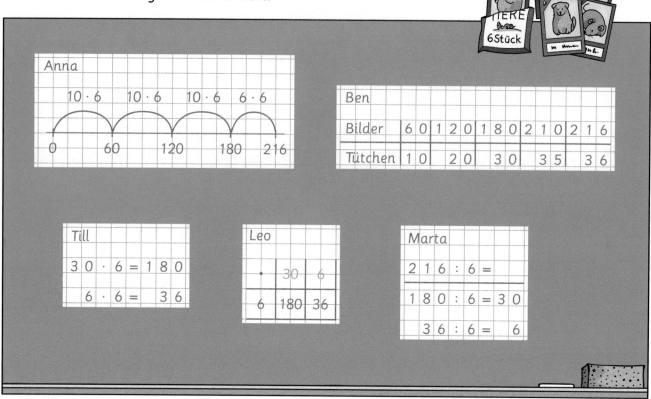

Wie rechnet ihr? Wie viele Sammeltütchen sind …

a) … 222 Bilder?　　　b) … 186 Bilder?　　　c) … 246 Bilder?　　　d) … 312 Bilder?

2 Rechne geschickt. Beschreibe und begründe deinen Rechenweg.

a) 123 : 3　　b) 217 : 7　　c) 255 : 5　　d) 312 : 6　　e) 216 : 4　　f) 189 : 9

3 Rechne geschickt. Beginne immer mit einer einfachen Aufgabe. Kreuze an.

a)	b)	c)	d)	e)	f)
60 : 6	40 : 4	80 : 8	50 : 5	70 : 7	45 : 9
72 : 6	120 : 4	200 : 8	225 : 5	112 : 7	450 : 9
108 : 6	184 : 4	264 : 8	455 : 5	203 : 7	864 : 9

4 Rechne und vergleiche.

a)	b)	c)	d)	e)	f)
75 : 5	51 : 3	44 : 4	66 : 6	48 : 8	99 : 9
125 : 5	81 : 3	444 : 4	366 : 6	248 : 8	297 : 9

5 Rechne und vergleiche.

a)	b)	c)	d)	e)
120 : 3	210 : 7	160 : 8	540 : 6	Finde weitere
120 : 30	210 : 70	160 : 80	540 : 60	Aufgabenpaare.

1 Sachaufgabe rechnen und vorstellen, anschließend mit gegebenen Lösungen vergleichen (z. B. Mathekonferenz).
2 Rechenwege selbst finden. **3, 4** Große Divisionsaufgaben mithilfe kleiner Divisionsaufgaben lösen. Zerlegungen des Dividenden für einfache Divisionsaufgaben nutzen. **5** Zehneranalogien bewusst machen und nutzen.

■ (K, M, D) → Arbeitsheft, Seite 72

6 Divisionsaufgaben mit Rest.
Vergleiche und erkläre mit dem
Rechenstrich.

a) 32 : 6   b) 43 : 5
     92 : 6   143 : 5

c) 11 : 3   d) 25 : 4
    101 : 3   225 : 4

e) 59 : 6   f) 100 : 8
    179 : 6   500 : 8

Lena

Marta

7 Geteiltaufgaben mit und ohne Rest. Setze fort.

a) 150 : 3	b) 150 : 4	c) 150 : 7	d) 150 : 8	e) 150 : 9
250 : 3	250 : 4	250 : 7	250 : 8	250 : 9
350 : 3	350 : 4	350 : 7	350 : 8	350 : 9
450 : 3	450 : 4	450 : 7	450 : 8	450 : 9

8 Rechne und vergleiche.

a) 64 : 7	b) 60 : 7	c) 36 : 7	d) 36 : 8	e) 18 : 4	f) 18 : 5
640 : 70	600 : 70	360 : 70	360 : 80	180 : 40	180 : 50

9 Findet Geteiltaufgaben mit …

a) … Rest 1 und Rest 10.

b) … Rest 5 und Rest 50.

c) … Rest 3 und Rest 30.

d) … Rest ___ und Rest ___ .

9 a)	Rest 1	Rest 10
	26 : 5 = 5 R 1	260 : 50 = 5 R 10
	31 : 5 = 6 R 1	

10 Was passiert mit dem Rest?

a) 8 Kinder kaufen gemeinsam ein
Geburtstagsgeschenk für 36 Euro. ?

b) Zur Theateraufführung kommen 60 Eltern.
Immer 9 Eltern passen in eine Reihe. ?

c) 224 Kinder einer Schule fahren ins Theater.
In jeden Bus passen 60 Kinder. ?

d) 130 Kinder fahren in die Jugendherberge.
Immer 8 Kinder schlafen in einem Zimmer. ?

6 Division mit Rest wiederholen und auf größere Zahlen übertragen. **7** Division mit Rest sichern. **8** Zehneranalogien bei der Division mit Rest erkunden. **9** Eigene Aufgaben zur Division mit Rest erfinden (hohes Diagno-
sepotenzial). **10** Sachaufgaben lösen. Auftretende Reste sachgerecht interpretieren.

121

■ (K, A, M, D) → Arbeitsheft, Seite 72

Addieren und Subtrahieren

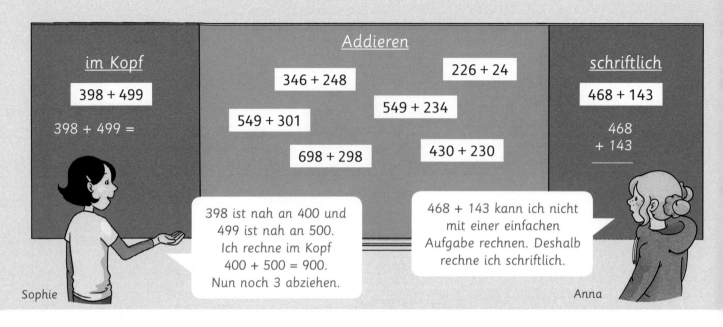

Addieren

im Kopf

398 + 499

398 + 499 =

346 + 248

549 + 301

698 + 298

226 + 24

549 + 234

430 + 230

schriftlich

468 + 143

```
  468
+ 143
_____
```

398 ist nah an 400 und
499 ist nah an 500.
Ich rechne im Kopf
400 + 500 = 900.
Nun noch 3 abziehen.

Sophie

468 + 143 kann ich nicht
mit einer einfachen
Aufgabe rechnen. Deshalb
rechne ich schriftlich.

Anna

1 Welche Aufgabe addiert ihr schriftlich, welche im Kopf? Begründet.

a)

| 199 + 299 | 405 + 305 | 200 + 800 | 234 + 465 | 589 + 195 | 12 + 47 |

| 468 + 142 | 6 + 59 | 409 + 299 | 198 + 723 | 430 + 270 | 172 + 710 |

Ich rechne im Kopf,
wenn die Zahlen klein sind.

Lena

Wenn mir eine
einfache Aufgabe hilft,
dann rechne ich im Kopf.

Mila

Mit dreistelligen
Zahlen rechne ich
lieber schriftlich.

Leo

Wenn beide Zahlen
null Einer haben,
dann rechne ich im Kopf.

Metin

Ich rechne schriftlich,
wenn mir keine
Hilfsaufgabe einfällt.

Finn

b) Findet Additionsaufgaben, die zu den Beschreibungen der Kinder passen.

Lena:	Mila:	Leo:	Metin:
2 3 + 6	2 0 1 + 5 3	2 4 1 + 3 4 5	3 0 0 + 2 3 0
4 + 3 3			

1 Kriterien besprechen, die für ein schriftliches Addieren oder ein eher halbschriftliches Addieren im Kopf sprechen – anhand von Aufgabenbeispielen unterschiedliche Begründungen herausarbeiten und Aufgaben zu Beschreibungen finden.

■ (K, A) → Arbeitsheft, Seite 73

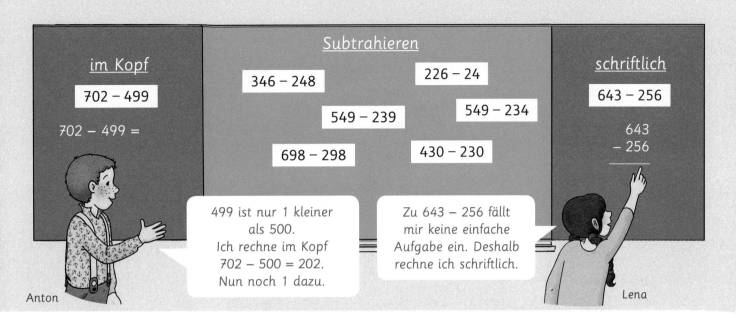

2 Welche Aufgabe subtrahiert ihr schriftlich, welche im Kopf? Begründet.

| 401 – 199 | 65 – 32 | 573 – 238 | 500 – 302 | 521 – 367 | 630 – 120 |

| 620 – 350 | 480 – 463 | 632 – 129 | 498 – 99 | 400 – 142 | 125 – 75 |

3 Rechne im Kopf. Nutze einfache Aufgaben.

| 220 | 996 | 49 | 321 | 341 | 449 | 450 | 512 | 224 | 88 |

| 222 | 998 | 50 | 331 | 80 | 90 | 70 | 51 | 1000 | 500 |

a) Finde Plusaufgaben.

Die Summe soll kleiner als 900 sein.

b) Finde Minusaufgaben.

Die Differenz soll kleiner als 300 sein.

Ich beginne mit einer einfachen Aufgabe und rechne damit weiter.

✳ **4** Welche Aufgabe kann es sein? Begründe.

a)
Ich addiere schriftlich.
Die erste Zahl ist 247.
Es kommt ein Übertrag vor.
Die Summe ist kleiner als 700.

b)
Ich subtrahiere im Kopf.
Die erste Zahl ist
nah an 500.
Die Differenz ist 300.

c)
Ich verdopple
im Kopf.
Eine der
Zahlen ist 480.

d) Finde weitere Aufgabenrätsel.

2 Entscheidungskriterien besprechen. 3 Plus- und Minusaufgaben finden. Zahlenwerte geschickt auswählen und für das Kopfrechnen nutzen. 4 Verschiedene Lösungen im Klassengespräch (Mathekonferenz) sammeln und Lösungsweg begründen lassen.

123

◼ (P, K, A) → Arbeitsheft, Seite 73

Ich kann Multiplikations- und Divisionsaufgaben vergleichen und geschickt ausrechnen.
Ich kann erklären, welche Additions- und Subtraktionsaufgaben ich im Kopf oder schriftlich rechne.
Ich kann Divisionsaufgaben mit Rest rechnen.

1 Welche Zahlen passen? Schreibe auf. **0** | 1 | 2 | **3** | 4 | **5** | 6 | **7** | **8** | **9**

a) ■ · 30 < 150   b) ■ · 50 > 300   c) ■ · 80 > 500   d) ■ · 20 > 160

■ · 50 < 300   ■ · 100 > 600   ■ · 80 < 500   ■ · 40 > 160

2 Vergleiche. < oder > oder =?

a) 3 · 23 ● 60   b) 12 · 4 ● 6 · 8   c) 150 : 3 ● 30   d) 300 : 3 ● 900 : 9

5 · 23 ● 100   13 · 4 ● 7 · 8   150 : 3 ● 40   600 : 3 ● 900 : 9

6 · 23 ● 120   14 · 4 ● 7 · 8   150 : 3 ● 50   900 : 3 ● 900 : 9

3 Rechne im Kopf oder rechne schriftlich.

299 + 399	209 + 499	702 – 699
489 + 195	678 – 502	857 – 586
378 + 122	470 + 530	944 – 444

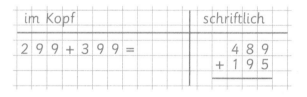

im Kopf | schriftlich

2 9 9 + 3 9 9 = | 4 8 9
                        | + 1 9 5

4 Rechenketten. Vergleiche. Rechne mit den Startzahlen: 10   24   30   36   …

a)
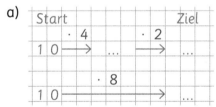

b)
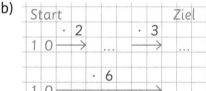

c)
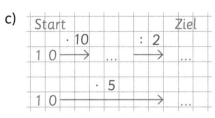

d)
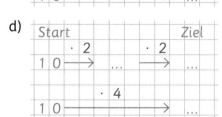

5 Divisionsaufgaben mit und ohne Rest.

a) 70 : 6   700 : 60   b) 25 : 5   250 : 50   c) 16 : 4   160 : 40

66 : 6   660 : 60   25 : 6   250 : 60   16 : 5   160 : 50

62 : 6   620 : 60   25 : 7   250 : 70   16 : 6   160 : 60

58 : 6   580 : 60   25 : 8   250 : 80   16 : 7   160 : 70

Forschen und Finden: Zahlenmauern

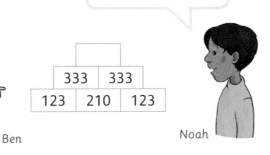

In den Grundsteinen stehen Zahlen mit aufeinanderfolgenden Ziffern.

Ben

Ergeben die mittleren Steine immer Paschzahlen?

Noah

Die Ziffern von 123 werden immer eins größer, die Ziffern von 210 werden immer eins kleiner.

immer 1 größer
1 2 3
2 1 0
immer 1 kleiner

Esra

1 Zahlenmauern. Vergleicht die Zahlenmauern. Was fällt euch auf?

a)

| 123 | 210 | 123 |

| 210 | 123 | 210 |

b)

| 123 | 210 | 321 |

| 210 | 123 | 321 |

2 Immer der gleiche Grundstein.

a) Vergleicht die Grundsteine mit dem Deckstein.

| 111 | 111 | 111 |

| 22 | 22 | 22 |

	444	
	222	222	
111	111	111

	222+222	
	222	222	
111	111	111

| 222 | 222 | 222 |

| 33 | 33 | 33 |

Der Deckstein ist ein Vielfaches von 111.

Ina

Ergeben alle Steine immer Paschzahlen?

b) Findet Zahlenmauern mit gleichen Grundsteinen. Der Deckstein ist 400 (160, 1000, 888, ...).

| | 400 | |
| | | |

Die Ergebnisse aus der Malreihe einer Zahl sind **Vielfache** der Zahl.

3 Viele Zahlenmauern zu einem Deckstein.

a) Rechnet die Zahlenmauern. Was fällt euch auf?

| 79 | 80 | 81 |

| 85 | 80 | 75 |

| 70 | 80 | 90 |

| 90 | 70 | 90 |

b) Findet verschiedene Zahlenmauern zum Deckstein 120 (200, 240, 800)

1 Zusammenhänge zwischen den mittleren Steinen und den Grundsteinen beschreiben. **2** Decksteine einer Zahlenmauer mit denselben Grundsteinen untersuchen, den Begriff „Vielfache" beschreiben. **3** Zahlenmauern mit gleichen Decksteinen begründet durch operative Veränderung der Grundsteine finden.

■ (P, K, A, D) → Arbeitsheft, Seite 75

125

Tabellen und Diagramme

Klasse	Kinder	Jungen	Mädchen
1a	26	12	14
1b	25	16	9
1c	27	11	16
2a	24	14	10
2b	24	10	14
2c	24	12	12
3a	21	10	11
3b	28	17	11
4a	28	12	16
4b	26	13	13
4c	21	11	10

1 Wie viele Kinder?

a) Vergleicht das Säulendiagramm mit der Tabelle.

b) Zeichnet ein Säulendiagramm für die Klassen des 2. Schuljahres.

c) Zeichnet ein Säulendiagramm für die Klassen des 3. Schuljahres.

d) Zeichnet ein Säulendiagramm für die Klassen des 4. Schuljahres.

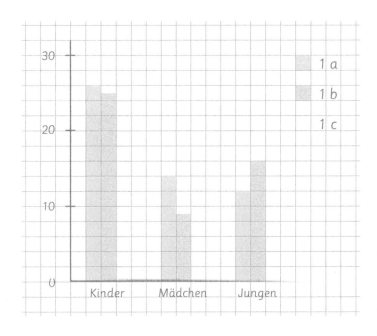

2 Vergleicht die Tabelle mit den Säulendiagrammen.

Welche Fragen könnt ihr besser mit der Tabelle beantworten, welche mit den Säulendiagrammen?

Erklärt.

a) In welchen Klassen sind die meisten Kinder?

b) In welchen Klassen sind die meisten Mädchen?

c) In welchen Klassen ist der Unterschied zwischen Jungen und Mädchen am kleinsten?

d) In welchen Klassenstufen sind die wenigsten Kinder?

e) In welchen Klassenstufen sind die meisten Mädchen?

f) In welchen Klassenstufen ist der Unterschied zwischen Jungen und Mädchen am größten?

g) Findet selbst Fragen und beantwortet sie.

1 Daten der Tabelle entnehmen und zu Säulendiagrammen verarbeiten. Gruppenarbeit nutzen: Jedes Kind zeichnet nur ein Diagramm. **2** Darstellungen in Tabellen und in Diagrammen vergleichen, Vor- und Nachteile in Bezug auf die Fragestellung erkennen.

■ (K, A, M, D)

3 Richtig oder falsch?

a) Untersucht die Aussagen an der Tabelle oder an den Säulendiagrammen.

> **Noah:**
>
> In der Klasse mit den meisten Kindern sind auch die meisten Jungen.

> **Metin:**
>
> In der Schule sind mehr als 200 Mädchen.

> **Till:**
>
> In allen Schuljahren sind ungefähr gleich viele Kinder.

> **Max:**
>
> Es sind mehr Jungen als Mädchen in der Schule.

> **Ina:**
>
> In allen Schuljahren sind ungefähr gleich viele Mädchen wie Jungen.

> **Anna:**
>
> In der Schule sind mehr als 250 Kinder, aber weniger als 300 Kinder.

> **Esra:**
>
> In den meisten Klassen sind ungefähr gleich viele Mädchen wie Jungen.

b) Findet ebenso richtige und falsche Aussagen.

4 Vergleicht mit eurer Schule. Legt eine Tabelle an oder zeichnet Säulendiagramme.

a) Wie viele 1. (2., 3., 4.) Klassen gibt es an eurer Schule?

b) In welcher Klasse sind die meisten Kinder?

c) In welcher Klasse sind die wenigsten Jungen?

d) Findet selbst Fragen und beantwortet sie mit einer Tabelle oder mit einem Säulendiagramm.

5 Es gibt große und kleine Grundschulen.

> Eine der größten Schulen in Deutschland ist die Pestalozzischule in Raunheim im Bundesland Hessen. Im Jahre 2016 gingen 704 Kinder auf diese Schule. Davon besuchten allein 185 Kinder das erste Schuljahr. In Hessen darf eine Grundschulklasse höchstens 25 Kinder groß sein.

Die kleinste Schule Deutschlands liegt vermutlich auf Helgoland. Dort wurden im Jahre 2014 vom ersten bis zum zehnten Schuljahr nur etwa 85 Kinder unterrichtet. Das erste und zweite Schuljahr wurde nur von 16 Kindern besucht, sodass sie zusammen in einer Klasse unterrichtet wurden. An der ganzen Schule gibt es pro Klasse höchstens 16 Kinder. Insgesamt werden die Klassen von 8 Lehrerinnen und Lehrern unterrichtet.

Schätzt: Wie viele Klassen haben die Schulen? Vergleicht mit eurer Schule.

3 Aussagen anhand der Diagramme oder der Tabelle überprüfen.   **4, 5** Zahlen zur eigenen Schule erheben und darstellen und mit anderen interessanten Schulen vergleichen.

127

■ (K, A, M, D)

Mit Tabellen rechnen

1 Ticketangebote der Verkehrsbetriebe.

	Kinder	Erwachsene
Einzelticket gültig für eine Fahrt	2 €	3,50 €
Viererticket gültig für vier Fahrten	6 €	12 €
Monatsticket gültig für 2 Erwachsene und 2 Kinder	81 €	

4-Fahrten-Karte
6 €
Fahrten 3 + 4 auf
Rückseite entwerten

Die Klasse 3a fährt mit 21 Kindern und 2 Lehrerinnen in Karlsruhe zum Naturkundemuseum.
Wie viel Euro müssen sie für die Hin- und Rückfahrt bezahlen, ...

a) ... wenn sie Einzeltickets kaufen?   b) ... wenn sie Vierertickets kaufen?

1 a)	Hinfahrt:
21 Kinder:	$21 \cdot 2\ € = 42\ €$
2 Lehrerinnen:	$2 \cdot 3,50\ € =$
Rückfahrt:	

1 b)	Hinfahrt und Rückfahrt:
21 Kinder:	$21 \cdot 2 = 42$ Fahrten
2 Lehrerinnen:	$2 \cdot 2 = 4$ Fahrten
Kosten:	

c) Wie viel Euro spart die Klasse,
wenn Vierertickets gekauft werden?

2 Wie viel Euro muss eine Klasse für die Hin- und Rückfahrt bezahlen mit 2 Lehrerinnen und ...

a) ... 22 Kindern?   b) ... 25 Kindern?   c) Und eure Klasse?

3 Wie viel Euro kosten Hin- und Rückfahrt? Finde das günstigste Angebot.

a)

Familie Berg

b)

Familie Sommer

c)

Familie Gode

d) Finde weitere Aufgaben.

4 Finde das günstigste Angebot.
a) Im März fährt Herr Konrad an 20 Tagen mit dem Bus zur Schule und zurück.
b) Im April fährt Herr Konrad nur an 10 Tagen mit dem Bus zur Schule und zurück.

Preistabelle betrachten und erläutern. **1** Rechnungen der Kinder interpretieren und fortsetzen (Mathekonferenz).
2, 3 Aufgaben auf eigenen Wegen mithilfe der Tabelle lösen. **4** Unterschiedliche Angebote berechnen und
vergleichen.

■ (P, K, M) → Arbeitsheft, Seite 76

○ **5** Wann fährt eine Bahn an der Haltestelle ab?
a) Europäische Schule
b) Zentrum
c) Marktplatz
d) ___

Tram **S4**					**Montag – Freitag**
	ab	**14:08**	**14:28**	**14:48**	**15:08**
Waldstadt Europäische Schule		14:09	14:29	14:49	15:09
Osteroder Straße		14:10	14:30	14:50	15:10
Elbinger Straße (Ost)		14:11	14:31	14:51	15:11
Jägerhaus		14:12	14:32	14:52	15:12
Zentrum		14:13	14:33	14:53	15:13
Glogauer Straße		14:14	14:34	14:54	15:14
Im Eichbäumle		14:15	14:35	14:55	15:15
Hagsfeld Fächerbad		14:16	14:36	14:56	15:16
Rintheim Sinsheimer Straße		14:18	14:38	14:58	15:18
Karlsruhe Hirtenweg/Techn.park		14:19	14:39	14:59	15:19
Hauptfriedhof		14:21	14:41	15:01	15:21
Durlacher Tor/KIT-Campus Süd		14:23	14:43	15:03	15:23
Kronenplatz (Kaiserstr.)		14:25	14:45	15:05	15:25
Marktplatz		14:27	14:47	15:07	15:27
Herrenstraße		14:29	14:49	15:09	15:29
Europapl./PostGalerie (Karl)		14:31	14:51	15:11	15:31
Karlstor		14:33	14:53	15:13	15:33
Mathystraße		14:34	14:54	15:14	15:34
Kolpingplatz		14:35	14:55	15:15	15:35
Ebertstraße		14:37	14:57	15:17	15:37
Hauptbahnhof		14:38	14:58	15:18	15:38
Poststraße		14:39	14:59	15:19	15:39
Tivoli	**an**	14:41	15:01	15:21	15:41

○ **6** An welchen Haltestellen fährt eine Bahn ab?
a) Um 14.21 Uhr
b) Um 14.38 Uhr
c) Um 14.41 Uhr
d) ___

◑ **7** Wie lange dauert die Fahrt zwischen diesen Sehenswürdigkeiten?
a) Schloss und Stadtmuseum
b) Marktplatz und Hauptbahnhof
c) Finde Aufgaben.

◑ **8** Es ist 14.15 Uhr. Sophie steht am Marktplatz und möchte zum Hauptbahnhof fahren.
a) Wie lange muss sie auf die Bahn warten?
b) Wie lange dauert die Fahrt?
c) Ihre Freundin verpasst die Bahn. Wann fährt die nächste Bahn ab?

✳ **9** Informiere dich über Bus- oder Bahnverbindungen in deiner Nähe.

Ⓗ Stadtmuseum, Europaplatz

Ⓗ Bahnhof Karlsruhe, Hauptbahnhof

Ⓗ Marktplatz (steinerne Pyramide)

Ⓗ Museum für Natur-kunde, Herrenstraße

Ⓗ Schloss, Badisches Landesmuseum, Marktplatz

5, 6 Fahrplan betrachten und erläutern, Aufgaben lösen.   **7** Zeitspannen berechnen.   **8** Sachaufgaben am Fahrplan lösen.   **9** Regionale Fahrpläne betrachten und erläutern.

 129

■ (M)   → Arbeitsheft, Seite 76

Lösungswege vergleichen

1 Wie rechnet ihr?

Lilly hat 20 € gespart. Jeden Montag bekommt sie von ihren Eltern 2 € Taschengeld.
Jeden Dienstag kauft sie sich einen Comic und Süßigkeiten für insgesamt 4 €.
Nach wie vielen Wochen hat sie ihr Geld vollständig ausgegeben?

Lena:

1. Woche: 20 € + 2 € − 4 € = 18 €
2. Woche: 18 € + 2 € − 4 € = 16 €
3. Woche: 16 € + 2 € − 4 € = 14 €
4. Woche: 14 € + 2 € − 4 € = 12 €
5. Woche: 12 € + 2 € − 4 € = 10 €
6. Woche: 10 € + 2 € − 4 € = 8 €
7. Woche: 8 € + 2 € − 4 € = 6 €
8. Woche: 6 € + 2 € − 4 € = 4 €
9. Woche: 4 € + 2 € − 4 € = 2 €
10. Woche: 2 € + 2 € − 4 € = 0 €

Finn:

	Montag	Dienstag
1. Woche	22 €	18 €
2. Woche	20 €	16 €
3. Woche	18 €	14 €
4. Woche	16 €	12 €
5. Woche	14 €	10 €
6. Woche	12 €	8 €
7. Woche	10 €	6 €
8. Woche	8 €	4 €
9. Woche	6 €	2 €
10. Woche	4 €	0 €

Marta:

Jede Woche gibt sie 2 € mehr
aus als sie bekommt.
10 · 2 € = 20 €
Nach 10 Wochen hat sie ihr Geld
ausgegeben.

Noah:

Wie haben die Kinder überlegt? Vergleicht mit euren Lösungen.

2 Wie rechnet ihr? Rechnet ausführlich oder mit einer Skizze.

a) Mila hat 10 € gespart. Sie bekommt jeden Dienstag 5 € von ihrer Oma.
Jeden Mittwoch kauft sie sich eine Zeitschrift für 2 €. Den Rest spart sie.
Nach wie vielen Wochen hat sie 25 € in ihrer Spardose?

b) Max spart jede Woche 5 €. Anton wirft in der ersten Woche 1 € in seine Spardose,
in der zweiten Woche 2 €, in der dritten Woche 3 € usw.
Nach wie vielen Wochen haben beide gleich viel Geld gespart?

c) Herr und Frau König sparen für den Urlaub. Frau König legt dafür jeden Monat 35 € zurück,
Herr König sogar doppelt so viel. Nach wie vielen Monaten haben sie 630 € gespart?

1 Zuerst die Aufgabe selbst lösen, dann vorgegebene Lösungen nachvollziehen (Mathekonferenz). **2** Aufgaben auf eigenen Wegen lösen.

■ (P, K, A, M, D) → Arbeitsheft, Seite 77

3 Zeichne eine Skizze und rechne dann.

Der Schulhof bekommt neue Spielgeräte.
Die Fläche unter der Schaukel wird mit
Gummimatten ausgelegt. Sie ist 3 m breit und
4 m 50 cm lang. Eine Gummimatte ist 50 cm breit und
50 cm lang. Wie viele Matten werden benötigt?

Sophie:

1	2	3	4	5	6
7	8	9	10	11	12
13	14	15	16	17	18
19	20	21	22	23	24
25	26	27	28	29	30
31	32	33	34	35	36
37	38	39	40	41	42
43	44	45	46	47	48
49	50	51	52	53	54

Es werden 54 Matten benötigt.

Finn:

$9 \cdot 6 = 54$

Antwort:
Es werden 54 Matten benötigt.

Wie haben die Kinder überlegt? Vergleiche mit deiner Lösung.

4 Wie viele Gummimatten werden benötigt? Zeichne und rechne.

a) Die Fläche unter der Turnstange
ist 3,50 m lang und 4,50 m breit.

b) Die Fläche an der Rutsche
ist 3 m lang und 2,50 m breit.

5 Wie viele Meter Zaun werden benötigt? Rechne mit der Skizze.

a) Das Fußball-Minispielfeld soll
eingezäunt werden.

20 m, 13 m

5a) $20 m + 13 m + 20 m + 13 m =$

b) Das Basketballfeld soll
eingezäunt werden.

28 m, 15 m

c) Der Schulgarten soll
eingezäunt werden.

26 m, 18 m, 10 m, 8 m

---

3 Zuerst die Aufgabe selbst lösen, dann vorgegebene Lösungen nachvollziehen (Mathekonferenz). **4, 5** Aufgaben auf eigenen Wegen lösen. Skizzen als Hilfsmittel nutzen und besprechen. Maßstab: 1 mm in der Skizze entspricht 1 m in der Wirklichkeit.

131

■ (P, K, A, M, D) → Arbeitsheft, Seite 77

Formen in der Kunst

○ **1** Dieses Bild hat Paul Klee 1918 gemalt.
Es heißt „Komposition mit Dreiecken".
Beschreibt.

> Paul Klee war ein deutscher Maler und
> Grafiker. Er lebte von 1879 bis 1940.
> Seine Eltern waren beide Musiker.
> Als Kind spielte Paul Klee besonders
> gut Geige, sein Interesse galt aber der
> Malerei. So verschönerte er schon seine
> Schulhefte mit eigenen Zeichnungen.

○ **2** Diese Ausschnitte kommen immer wieder vor.
Findet sie im Bild. Zeichnet.

a)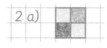

b)

c)   d)

e) Findet weitere Ausschnitte.
Zeichnet mit passenden Farben.

◑ **3** Findet die Ausschnitte und zeichnet sie auf.

a) Findet die Ausschnitte von Lilly und Eric. Zeichnet sie auf.

> **Lilly**
>
> Ich sehe einen Kreis im Quadrat.
> Links daneben ist ein Quadrat
> mit zwei Rechtecken
> übereinander.

> **Eric**
>
> Ich sehe ein Quadrat. Es besteht
> aus vier kleinen Quadraten.
> Links daneben ist ein Quadrat
> mit vier kleinen Dreiecken.

b) Wählt einen Ausschnitt. Beschreibt ihn wie Lilly und Eric.
c) Wie viele Dreiecke (Quadrate, Rechtecke) findet ihr in dem Bild?

✳ **4** Legt oder malt eine eigene „Komposition mit Dreiecken".
Welche Ausschnitte habt ihr benutzt?

132

1 Bild beschreiben. **2** Ausschnitte in dem Bild finden und zeichnen (freihand oder mit Lineal). **3** Beschriebene
Ausschnitte im Bild wiederfinden. Weitere Ausschnitte analog beschreiben. Formen im Bild zählen. **4** Eigenes
Bild zeichnen oder mit Dreiecken, Rechtecken und Quadraten legen und kleben.

■ (K, D) → Arbeitsheft, Seite 78

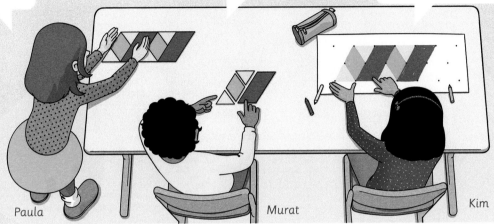

Die Grundfigur ist wieder eine Raute.

Für die Grundfigur brauchen wir 2 gelbe Dreiecke, 1 blaue Raute und 1 rotes Parallelogramm.

Die beiden gelben Dreiecke und die blaue Raute bilden zusammen ein Parallelogramm. Daneben liegt das rote Parallelogramm. Dann immer so weiter.

Paula   Murat   Kim

Parallelogramm   Raute   (besonderes Parallelogramm mit 4 gleich langen Seiten)

5 Legt das Muster nach. Setzt fort und zeichnet. Beschreibt die Grundfigur.

a)

b)

c)

d)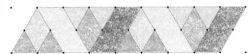

6 Legt das Muster mit eigenen Farben nach. Setzt fort und zeichnet.

a)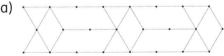

b)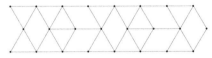

c)

d)

7 Legt und zeichnet ein Muster. Die Grundfigur besteht aus ...

a) ... gleichen Formen.

b) ... verschiedenen Formen.

Beschreibt, setzt fort und zeichnet.

5 Muster mit Legematerial nachlegen, fortsetzen und mithilfe des Punkterasters (KV) zeichnen. Grundfigur analog zum Einstiegsbild schriftlich beschreiben.   **6** Muster in eigener Färbung legen, fortsetzen und zeichnen. Grundfigur ggf. auch schriftlich beschreiben.   **7** Eigene Grundfigur legen und beschreiben. Daraus Muster entwickeln und zeichnen.

   **133**

■ (K, D)   → Arbeitsheft, Seite 78

Parkette

1 Beschreibt das Parkett.

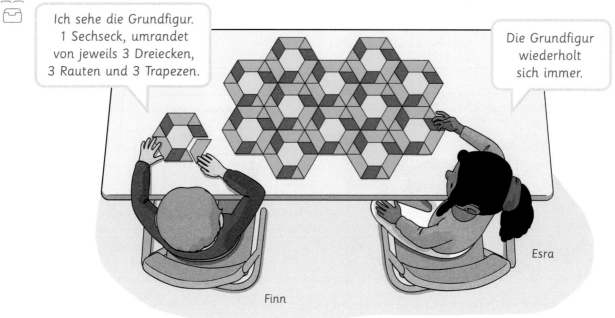

Finn: Ich sehe die Grundfigur. 1 Sechseck, umrandet von jeweils 3 Dreiecken, 3 Rauten und 3 Trapezen.

Esra: Die Grundfigur wiederholt sich immer.

Dreieck   Raute   Parallelogramm   Sechseck   Trapez

2 Legt die Parkette nach. Setzt fort und zeichnet. Beschreibt die Grundfigur.

a)   b)   c)

d)

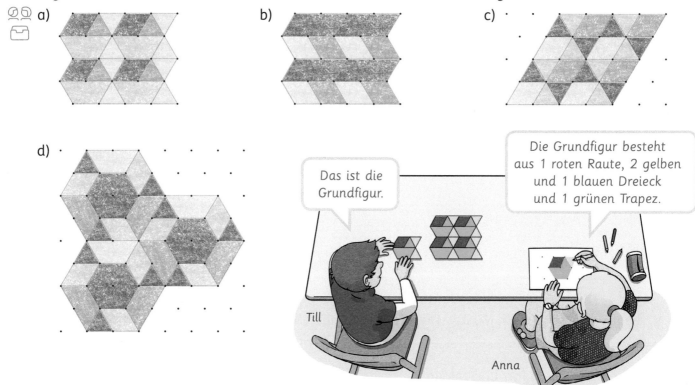

Till: Das ist die Grundfigur.

Anna: Die Grundfigur besteht aus 1 roten Raute, 2 gelben und 1 blauen Dreieck und 1 grünen Trapez.

134

1 Formen im Parkett beschreiben. **2** Parkette mit dem Legematerial nachlegen und fortsetzen. Mithilfe eines Punkterasters (KV) dokumentieren. Bei Problemen das Legematerial auf das Punkteraster legen und umfahren. Grundfigur wie im Beispiel vorgemacht schriftlich beschreiben.

■ (K, D)   → Arbeitsheft, Seite 79

3 Legt das Parkett mit eigenen Farben. Achtet auf die Grundfigur. Setzt fort und zeichnet.

a)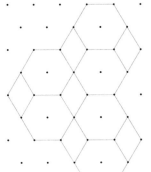

b)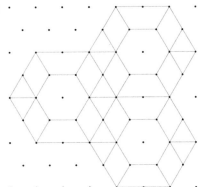

c)

d)

e) Zeichnet ebenso eine Grundfigur und setzt sie fort zu einem Parkett.

4 Fehler im Parkett. Welche Grundfigur ist falsch gezeichnet?
Zeichnet neu.

a)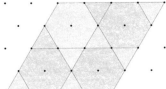

> Die Grundfigur ist eine Raute. Sie besteht aus 2 gelben Dreiecken und 1 grünen Sechseck.
>
> Anna

b)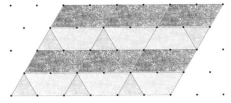

> Die Grundfigur ist auch eine Raute. Sie besteht aus 1 roten Parallelogramm, an der unteren Seite grenzen 1 gelbes Trapez und 1 grünes Dreieck an.
>
> Eric

5 Findet und zeichnet Parkette.
Die Grundfigur besteht aus...

a) ... 2 Dreiecken und 1 Raute.

b) ... 1 Dreieck und 1 Trapez.

c) ... 2 Sechsecken und 4 Dreiecken.

d) ... 1 Parallelogramm und 2 Rauten.

6 Findet Parkette in eurer Umwelt.
Zeichnet.

> Meine Grundfigur ist anders. Wie sehen wohl unsere Parkette aus?

Eric

Paula

---

3 Parkette in eigener Färbung legen, fortsetzen und zeichnen. Grundfigur analog zu Aufgabe 2 beschreiben.
4 Fehler finden und korrigieren.   5 Grundfigur entsprechend der Vorgaben finden. Daraus Parkette entwickeln und vergleichen.   6 Parkette in der Umwelt finden und zeichnen.

■ (K, D) → Arbeitsheft, Seite 79

Spiele mit dem Zufall

1

Kugeln ziehen

Im Beutel sind 3 Kugeln: ● ● ○

Spielregeln: 2 Kugeln ziehen. Welche Farben?

Eva darf setzen: Eine Kugel ist rot und eine blau.

Murat darf setzen: Eine Kugel ist gelb.

Wer als Erstes das letzte Feld erreicht, gewinnt.

Ist das Spiel gerecht?

Du darfst ein Feld weiter setzen.

Die erste Kugel ist blau, die zweite rot.

Eva

Murat

a) Spielt **„Kugeln ziehen"**. Wer gewinnt? Vergleicht.

b) Lest den Plan. Erklärt, warum genau sechs verschiedene Ziehungen möglich sind.

c) Ist das Spiel gerecht? Vergleicht die Chancen von Eva und Murat.

Plan

1. Kugel

2. Kugel

2 Spielregeln vergleichen.

Die Kinder spielen **„Kugeln ziehen"**. Sind die Spielregeln gerecht? Spielt die Spiele. Vergleicht auch immer die Chancen am Plan.

a) Esra darf setzen: Eine Kugel ist gelb.

Paula darf setzen: Eine Kugel ist rot.

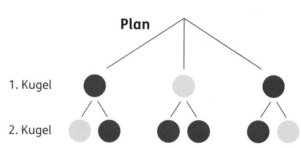

b) Ina darf setzen: Eine Kugel ist gelb.

Leo darf setzen: Keine Kugel ist gelb.

c) Ina darf setzen: Die zweite Kugel ist rot.

Leo darf setzen: Die erste Kugel ist rot.

3 Erfindet eigene Regeln für **„Kugeln ziehen"**.

Spielt die Spiele und vergleicht die Chancen am Plan.

1, 2 *Zufallsexperiment* durchführen. Alle möglichen Ziehungen am *Baumdiagramm* („*Plan*") finden und den Gewinnregeln zuordnen. **3** Eigene Regeln finden.

■ (P, K, A, D) → Arbeitsheft, Seiten 80, 81

4

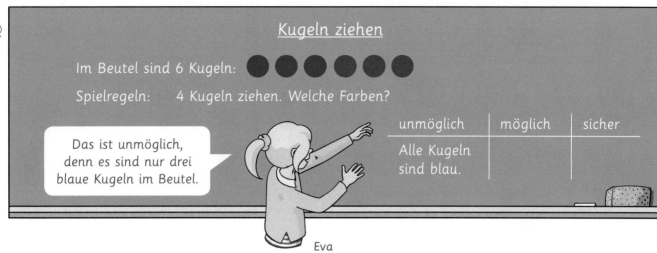

Im Beutel sind 6 Kugeln: ●●●●●●

Spielregeln: 4 Kugeln ziehen. Welche Farben?

Eva: Das ist unmöglich, denn es sind nur drei blaue Kugeln im Beutel.

unmöglich	möglich	sicher
Alle Kugeln sind blau.		

Sicher, möglich oder unmöglich? Erklärt und sortiert die Ziehungen.

a) Alle Kugeln sind blau.

b) Zwei Kugeln sind rot, zwei Kugeln blau.

c) Drei Kugeln sind blau.

d) Keine Kugel ist blau.

e) Mindestens eine Kugel ist rot.

f) Genau eine Kugel ist rot.

g) Findet selbst Ziehungen, die sicher, möglich oder unmöglich sind.

5

Im Beutel sind 6 Kugeln: ●●●●●●

Spielregeln: 4 Kugeln ziehen. Welche Farben?

Eva: Die vierte Kugel ist rot.

Murat: Die vierte Kugel ist blau.

Beides ist möglich. Das ist Zufall.

Eva: Es ist noch möglich, dass die vierte Kugel rot ist.

Murat: Ich glaube eher, dass die vierte Kugel blau ist.

Ziehungen raten. Drei Kugeln wurden schon gezogen. Welche könnten es sein?

a)
Eva
Es ist möglich, dass die vierte Kugel rot ist.

b)
Murat
Es ist möglich, dass die vierte Kugel blau ist.

c)
Eva
Es ist unmöglich, dass die vierte Kugel rot ist.

d)
Murat
Es ist sicher, dass die vierte Kugel blau ist.

4, 5 Stochastische Fachbegriffe *unmöglich, möglich* und *sicher* besprechen. Ziehungen passend zuordnen bzw. finden.

■ (P, K, A, D) → Arbeitsheft, Seiten 80, 81

Bald ist Weihnachten

○ **1** Schneekristall basteln.

Das braucht ihr:

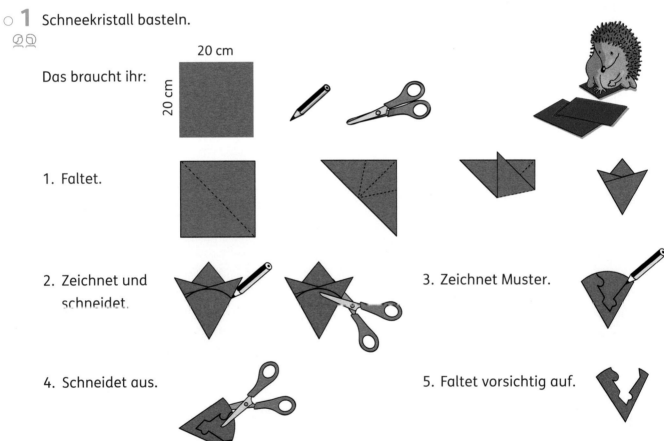

20 cm

20 cm

1. Faltet.

2. Zeichnet und schneidet.

3. Zeichnet Muster.

4. Schneidet aus.

5. Faltet vorsichtig auf.

Faltet, zeichnet und schneidet verschiedene Schneekristalle.

● **2** Untersucht die Spiegelachsen der Schneekristalle.

a) Zeichnet alle Spiegelachsen ein. Was fällt euch auf? Erklärt.

b) Vergleicht die Anzahl der Spiegelachsen mit der Anzahl der Faltlinien.

c) Könnt ihr Schneekristalle mit mehr Spiegelachsen falten? Erstellt eine Faltanleitung.

1 Faltanleitung nachvollziehen, eigene Schneekristalle anfertigen. **2** Symmetrieeigenschaften von Schnee-kristallen untersuchen (dazu ggf. aufkleben). Faltplakate erstellen.

■ (P, K, A)

Advent, Advent,
Ein Lichtlein brennt!

Erst eins, dann zwei, dann drei, dann vier,
Dann steht das Christkind vor der Tür.

Volksgut

3 a) Anleitung „Adventsbox".

1. Zeichnet die Schablone auf Karopapier.

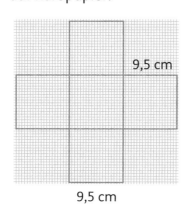

9,5 cm

9,5 cm

2. Schneidet die Schablone aus.

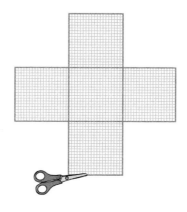

3. Zeichnet das Netz auf und schneidet es aus.

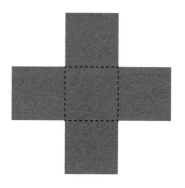

4. Faltet die vier Seiten-quadrate an den gestrichelten Linien nach innen.

b) Anleitung „Deckel".

1. Zeichnet die Schablone auf Karopapier und schneidet sie aus.

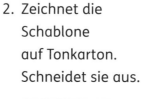

15,5 cm

9,5 cm

3 cm

2. Zeichnet die Schablone auf Tonkarton. Schneidet sie aus.

3. Schneidet die schwarzen Linien ein und faltet die gestrichelten Linien nach innen.

4. Klebt die kleinen Quadrate fest.

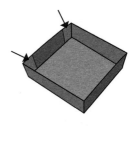

c) Anleitung „Weihnachtsengel".

12 cm   10 cm

15 cm

3 Adventsbox und Weihnachtsengel nach Anleitung herstellen. Für Schablone 2 DIN-A4-Blätter zusammenkleben.

■ (P, K, A)

Bald ist Ostern

1 Malt verschiedene Hasen. Ohren, Kopf, Körper und Schwanz
sind schwarz oder weiß. Findet alle Möglichkeiten.

Diese Hasen gehören nicht dazu:

2 Ordnet die Hasen nach dem Plan.

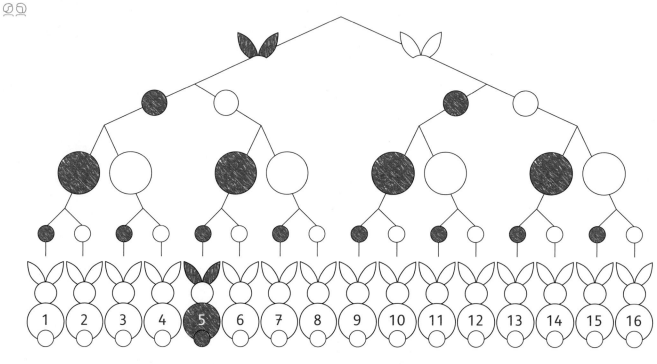

a) Welche Zahlen tragen diese Hasen?

b) Welche Hasen haben einen schwarzen Kopf?

c) Welche Hasen haben schwarze Ohren und einen schwarzen Schwanz?

d) Welche Hasen haben zwei weiße und zwei schwarze Körperteile?

e) Welche Gemeinsamkeit haben die Hasen 1 und 8?

f) Welchen Unterschied haben die Hasen 2 und 10?

g) Findet Fragen.

1 Kombinatorische Aufgaben: verschiedene Hasen systematisch oder probierend finden. Auf Vollständigkeit überprüfen. (KV)   2 Hasen am Baumdiagramm einordnen. (KV)

■ (P, K, A, D)   → Arbeitsheft, Seite 82

3 Wer wohnt zusammen?

1
Hasen mit
weißem Schwanz

2
Hasen mit
schwarzem Schwanz

Obergeschoss:
Hasen mit
weißem Kopf

Erdgeschoss:
Hasen mit
schwarzem Kopf

Welche Hasen wohnen

a) in Haus 1, Erdgeschoss?

b) in Haus 1, Obergeschoss?

c) in Haus 2, Erdgeschoss?

d) in Haus 2, Obergeschoss?

4 Hasenspiel für 2 Spieler.

Spielmaterial:
16 Hasenkarten
4 Würfel
1 Becher zum Werfen

Anleitung: Werft abwechselnd mit 4 Würfeln. Ungerade Zahlen stehen für „schwarz", gerade Zahlen für „weiß". Der Wurf 3, 5, 4, 1 bedeutet also dreimal schwarz und einmal weiß. Jeder Spieler darf nach seinem Wurf einen Hasen nehmen, der genauso viele schwarze und weiße Körperteile hat, wie der Wurf vorgibt.
Wer zum Schluss die meisten der 16 Hasen hat, hat gewonnen.

3 Hasen im Vierfelderdiagramm einordnen.   4 Hasenspiel spielen und Chancen vergleichen.

■ ■ (K. D)   → Arbeitsheft, Seite 82

Einführung der schriftlichen Subtraktion

362 − 128

Ben: Ich ziehe ab. Hunderter, Zehner und Einer extra.

362 − 128 = 234

300 − 100 = 200
60 − 20 = 40
2 − 8 = −6

Paula: Ich ziehe schriftlich von oben nach unten ab. Erst die Einer, dann die Zehner, dann die Hunderter.

H	Z	E
	5	10
3	~~6~~	2
− 1	2	8
2	3	4

○ **1** Wie rechnet Anna? Beschreibt.

Anna legt die Zahl 362. Sie möchte 8 Einer abgeben. Wie viel bleibt übrig?

H	Z	E
3	6	2
−		8

Anna: Von 2 Einern kann ich 8 Einer nicht wegnehmen. Also entbündele ich 1 Zehner in 10 Einer.

H	Z	E
	5	10
3	~~6~~	2
−		8

Jetzt habe ich 5 Zehner und 12 Einer. Von den 12 Einern kann ich 8 Einer wegnehmen. Also 12 − 8.

H	Z	E
	5	10
3	~~6~~	2
−		8
3	5	4

12 − 8 = 4. Es bleiben 4 Einer übrig und auch die 5 Zehner und 3 Hunderter.

Legt und rechnet ebenso. Nehmt immer 8 Einer weg.

a) 271
153

b) 760
350

c) 212
414

d) 193
204

e) 751
715

f) 350
700

○ **2** Legt und entbündelt immer 1 Hunderter in 10 Zehner.
Nehmt immer 80 weg.

a) 521
634

b) 320
450

c) 132
154

d) 201
405

2 a)	H	Z	E		H	Z	E
	4	10					
	~~5~~	2	1		6	3	4
	−	8	0		−	8	0
	4	4	1				

1, 2 Vorbereitung der schriftlichen Subtraktion (Abziehverfahren) durch stellenweises Abziehen mit Material und an der Stellentafel. Veranschaulichung an Punktefeldern oder auch am Dienes-Material oder Geld (Entbündeln des Zehners und Hunderters verdeutlichen).

■ (K, D) → Arbeitsheft, Seite 83 → Förderheft, Seiten 78, 79

Schriftliche Subtraktion: Entbündeln

3 Beschreibt.

572 − 149 =

H	Z	E
5	7	2
− 1	4	9

Schritt 1:

1 Zehner = 10 Einer

12 E − 9 E = **3** E

H	Z	E
5	7̶ (6)	2 (10)
− 1	4	9
		3

Von 2 E die 9 E wegnehmen geht nicht, also entbündele 1 Z in 10 E. Der Zehner wird 1 kleiner, die Einer werden 10 größer.
Rechne 12 − 9 = 3.
Schreibe **3**.

Schritt 2:

6 Z − 4 Z = **2** Z

H	Z	E
5	7̶ (6)	2 (10)
− 1	4	9
	2	3

Von 6 Z die 4 Z wegnehmen, also 6 − 4 = 2.
Schreibe **2**.

Schritt 3:

5 H − 1 H = **4** H

H	Z	E
5	7̶ (6)	2 (10)
− 1	4	9
4	2	3

Von 5 H den 1 H wegnehmen, also 5 − 1 = 4.
Schreibe **4**.

Schriftlich subtrahieren:
Ziehe erst die Einer ab, dann die Zehner, dann die Hunderter.
Achte auf das Entbündeln.

H	Z	E
5	7̶ (6)	2 (10)
− 1	4	9
4	2	3

Sprich und schreibe kurz:
2 − 9 geht nicht,
12 − 9 = 3, schreibe 3 und ersetze bei den Zehnern 7̶ durch 6
6 − 4 = 2, schreibe 2
5 − 1 = 4, schreibe 4

---

4 Rechne schriftlich. Vergleiche.

a)
```
H Z E        H Z E        H Z E
9 5 8        9 5 8        9 5 8
− 3 4 6      − 3 5 6      − 3 6 6
```

b)
```
H Z E        H Z E        H Z E
8 9 5        8 9 5        8 9 5
− 1 8 9      − 1 9 9      − 2 0 9
```

5 Beschreibt.

H	Z	E
5	0	2
− 1	4	9

Ich kann keinen Zehner entbündeln.

H	Z	E
5̶ (4)	0 (10)	2
− 1	4	9

Also muss ich erst einen Hunderter in 10 Zehner entbündeln.

H	Z	E
5̶ (4)	0̶ (9)	2 (10)
− 1	4	9

Jetzt kann ich auch einen Zehner in 10 Einer entbündeln.

a) 804 − 248

```
5 a)    7  9  10
        8  0  4
      − 2  4  8
      ─────────
        5  5  6
```

b) 705 − 128   c) 1000 − 125   d) 709 − 659

e) 610 − 73   f) Finde weitere Aufgaben.

3–5 Schriftliche Subtraktion als Abziehverfahren mit dem stellenweisen Entbündeln am Minuenden entwickeln und mit der Stellentafel erklären. Entbündeln als „Umwechseln" von einer größeren Stelle in eine kleinere Stelle erklären. Die Sprech- und Schreibweise verdeutlichen und üben (Erweiterungsverfahren alternativ als KV).

(K, D) → Arbeitsheft, Seite 83 → Förderheft, Seiten 78, 79

Quellennachweis

U1.1 Hath, Jessica Alice (Jessica Alice Hath), Freiburg; 22.1 ddp images GmbH (Fotonord), Hamburg; 23.2 Deutscher Schwimm-Verband e.V., Kassel; 23.3 Deutscher Schwimm-Verband e.V., Kassel; 23.4 Deutscher Schwimm-Verband e.V., Kassel; 23.4 Deutscher Schwimm-Verband e.V., Kassel; 27.2 Diana Hunscheidt, Oldenburg; 27.3 shutterstock (LesPalenik), New York, NY; 43.2 Adobe Stock (Naturecolors), Dublin; 43.3 iStockphoto (CreativeNature_nl), Calgary, Alberta; 43.4 Thinkstock (iStock/Mark Leeman), München; 43.5 shutterstock (Menno Schaefer), New York, NY; 44.1 Thinkstock (iStockphoto), München; 44.2 Thinkstock (paulrommer), München; 44.3 Adobe Stock (guy), Dublin; 44.4 Adobe Stock (emer), Dublin; 44.5 Fotolia.com (JPS), New York; 44.6 shutterstock (Eric Isselee), New York, NY; 44.7 shutterstock (alslutsky), New York, NY; 44.8 shutterstock (Eric Isselee), New York, NY; 44.9 Fotolia.com (adimas), New York; 44.10 Adobe Stock (rcfotostock), Dublin; 44.11 shutterstock (IamTK), New York, NY; 44.12 Fotolia.com, New York; 44.13 Adobe Stock (emer), Dublin; 44.14 iStockphoto (Techin24), Calgary, Alberta; 45.1 Adobe Stock (Nena), Dublin; 45.2 Adobe Stock (digitalfoto105), Dublin; 45.3 shutterstock (DeepGreen), New York, NY; 45.4 Fotolia.com (Frank Schöttke), New York; 45.5 Picture-Alliance (WILDLIFE), Frankfurt; 45.6 Imago (imagebroker), Berlin; 68.1 shutterstock (otsphoto), New York, NY; 68.3 Adobe Stock (rima15), Dublin; 68.4 shutterstock (noreefly), New York, NY; 68.5 Imago (ZUMA Press), Berlin; 75.1 Thinkstock (iStock / kwasny221), München; 75.2 shutterstock (scigelova), New York, NY; 75.3 shutterstock (Ivan Kuzmin), New York, NY; 75.4 shutterstock (Sharon Haeger), New York, NY; 75.5 shutterstock (Menno Schaefer), New York, NY; 75.6 shutterstock (Dennis W Donohue), New York, NY; 75.7 Thinkstock (JohnCarnemolla), München; 75.8 Thinkstock (ZigaC), München; 75.9 Thinkstock (heckepics), München; 90.1 Fotolia.com (Uryadnikov Sergey), New York; 90.2 Fotolia.com (outdoorsman), New York; 90.3 shutterstock (Four Oaks), New York, NY; 90.4 iStockphoto (eco2drew), Calgary, Alberta; 90.5 iStockphoto (PytyCzech), Calgary, Alberta; 91.1 Thinkstock (mazzzur), München; 91.1 shutterstock (acceptphoto), New York, NY; 91.2 Adobe Stock (Anton Belovodchenko), Dublin; 91.3 shutterstock (Claudia Paulussen), New York, NY; 91.4 shutterstock (Kevin Lings), New York, NY; 91.5 shutterstock (Seb c'est bien), New York, NY; 102.1 Adobe Stock (Anne Katrin Figge), Dublin; 102.2 shutterstock (Eder), New York, NY; 102.3 iStockphoto (VMJones), Calgary, Alberta; 102.4 shutterstock (sunsinger), New York, NY; 102.5 Picture-Alliance (Tom Brakefield/OKAPIA), Frankfurt; 103.1 Adobe Stock (JFL Photography), Dublin; 103.2 Thinkstock (iStockphoto), München; 103.3 Adobe Stock (ErnstPieber), Dublin; 103.4 Fotolia.com (Manuel Schönfeld), New York; 103.5 shutterstock (Mikhail Markovskiy), New York, NY; 103.6 Adobe Stock (odluap), Dublin; 103.6 shutterstock (Jens Goepfert), New York, NY; 103.7 iStockphoto (AndreaAstes), Calgary, Alberta; 103.8 Adobe Stock (Petra Nowack - peno), Dublin; 103.9 Thinkstock (fotoedu), München; 103.10 shutterstock (Kamira), New York, NY; 107.1 Fotolia.com (BildPix. de), New York; 107.2 Klett-Archiv (Foto Geuther (Rötha)), Stuttgart; 107.3 Thinkstock (Jupiterimages), München; 107.4 Thinkstock (kirisa99), München; 107.5 iStockphoto (FatCamera), Calgary, Alberta; 107.6 shutterstock (Sergey Novikov), New York, NY; 108.1 Klett-Archiv (Michael Steinle), Stuttgart; 109.2 iStockphoto (Wouter_Marck), Calgary, Alberta; 109.3 Fotolia.com (Michael Fritzen), New York; 109.4 Fotolia.com (Soru Epotok), New York; 109.5 iStockphoto (Andrew Howe), Calgary, Alberta; 109.6 Fotolia.com (K.-U. Häßler), New York; 110.1 iStockphoto (vgajic), Calgary, Alberta; 110.2 iStockphoto (ollo), Calgary, Alberta; 110.3 Fotolia.com (vector_master), New York; 110.4 Thinkstock (Polka Dot Images), München; 114.2 iStockphoto (Vladimirs), Calgary, Alberta; 114.3 shutterstock (AzlifahA), New York, NY; 114.4 shutterstock (encikAn), New York, NY; 114.5 iStockphoto (cybrain), Calgary, Alberta; 114.6 Adobe Stock (gstockstudio), Dublin; 114.7 shutterstock (Dan Breckwoldt), New York, NY; 114.8 shutterstock (Africa Studio), New York, NY; 114.9 shutterstock (lucag_g), New York, NY; 114.10 iStockphoto (ZeynepOzy), Calgary, Alberta; 115.1 Christian Günther Fotodesign, Leipzig; 115.2 Christian Günther Fotodesign, Leipzig; 115.3 Christian Günther Fotodesign, Leipzig; 115.4 Christian Günther Fotodesign, Leipzig; 115.5 Christian Günther Fotodesign, Leipzig; 126.1 Picture-Alliance (Jan Woitas), Frankfurt; 127.1 Adobe Stock (mirubi), Dublin; 129.1 Picture-Alliance, Frankfurt; 129.2 BPK (Bildarchiv Foto Marburg / Rose Hajdu), Berlin; 129.3 Imago (Westend61), Berlin; 129.4 Getty Images (LOOK), München; 129.5 Adobe Stock (AnnaReinert), Dublin; 131.1 Thinkstock (geargodz), München; 131.2 Thinkstock (leskas), München; 131.3 Thinkstock (benjaminec), München; 131.4 ddp images GmbH (Benno Grieshaber), Hamburg; 132.1 Artothek (Christie's Images Ltd), Weilheim

Sollte es in einem Einzelfall nicht gelungen sein, den korrekten Rechteinhaber ausfindig zu machen, so werden berechtigte Ansprüche selbstverständlich im Rahmen der üblichen Regelungen abgegolten.